卷首语

未成年人是祖国的未来、民族的希望。依法保护未成年人特别是儿童健康安全成长，免受违法犯罪侵害，涉及亿万家庭的幸福和谐，事关社会稳定和国家未来发展。在我国，近年来，对未成年人实施奸淫、猥亵，诱骗、组织、强迫未成年少女卖淫等违法犯罪活动时有发生，虽然在整个刑事犯罪案件中所占比例不高，但是这些犯罪给未成年人身心健康造成严重伤害，在社会上造成极为恶劣的影响，人民群众反映十分强烈。为依法惩治性侵害未成年人犯罪，加大对未成年人合法权益的司法保护力度，2013 年 10 月 24 日，最高人民法院、最高人民检察院、公安部、司法部联合发布了《关于依法惩治性侵害未成年人犯罪的意见》，就办理性侵害未成年人犯罪案件提出了总体要求，并就法律适用和政策把握中的突出问题提出了具体意见。为帮助读者准确理解和适用该《意见》，本辑特别约请相关起草人就其制定背景和过程、制定原则及主要内容进行了详细的解读。

为贯彻党的十八届三中全会精神，进一步深化司法公开，依托现代信息技术，打造阳光司法工程，全面推进审判流程公开、裁判文书公开、执行信息公开三大平台建设，增进公众对司法的了解、信赖和监督，最高人民法院出台了《关于推进司法公开三大平台建设的若干意见》，并于 2013 年 11 月 21 日公布。同日，也公布了《关于人民法院在互联网公布裁判文书的规定》。本辑专门收录了相关解读文章，以飨读者。

图书在版编目（CIP）数据

刑事法律文件解读．总第102辑/南英主编．—北京：
人民法院出版社，2013.12
（最新法律文件解读丛书）
ISBN 978-7-5109-0878-1

Ⅰ.①刑… Ⅱ.①南… Ⅲ.①刑法-法律解释-中国
②刑事诉讼法-法律解释-中国 Ⅳ.①D924.05②D925.205

中国版本图书馆CIP数据核字（2013）第318539号

刑事法律文件解读．总第102辑
主编 南 英

责任编辑 兰丽专
出版发行 人民法院出版社
地 址 北京市东城区东交民巷27号 邮编 100745
电 话 (010) 67550626（责任编辑） 67550558（发行部查询）
65223677（读者服务部）
网 址 http：//www.courtbook.com.cn
E-mail courtbook@sina.com
印 刷 三河市国英印刷有限公司
经 销 新华书店
开 本 787×1092毫米 1/16
字 数 140千字
印 张 8
版 次 2013年12月第1版 2013年12月第1次印刷
书 号 ISBN 978-7-5109-0878-1
定 价 16.00元

《最新法律文件解读》丛书
编　委　会

执行编辑　兰丽专

电　　话　（010）67550626

邮　　箱　lanlizhuan@ sohu. com

目　录

【特载】

【司法解释、司法解释性文件与解读】

[特载]

党政机关厉行节约反对浪费条例

（2013年11月25日）

第一章　总　则

第一条　为了进一步弘扬艰苦奋斗、勤俭节约的优良作风，推进党政机关厉行节约反对浪费，建设节约型机关，根据国家有关法律法规和中央有关规定，制定本条例。

第二条　本条例适用于党的机关、人大机关、行政机关、政协机关、审判机关、检察机关，以及工会、共青团、妇联等人民团体和参照公务员法管理的事业单位。

第三条　本条例所称浪费，是指党政机关及其工作人员违反规定进行不必要的公务活动，或者在履行公务中超出规定范围、标准和要求，不当使用公共资金、资产和资源，给国家和社会造成损失的行为。

第四条　党政机关厉行节约反对浪费，应当遵循下列原则：坚持从严从简，勤俭办一切事业，降低公务活动成本；坚持依法依规，遵守国家法律法规和党内法规制度的相关规定，严格按程序办事；坚持总量控制，科学设定相关标准，严格控制经费支出总额，加强厉行节约绩效考评；坚持实事求是，从实际出发安排公务活动，取消不必要的公务活动，保证正常公务活动；坚持公开透明，除涉及国家秘密事项外，公务活动中的资金、资产、资源使用等情况应予公开，接受各方面监督；坚持深化改革，通过改革创新破解体制机制障碍，建立健全厉行节约反对浪费工作长效机制。

第五条 中共中央办公厅、国务院办公厅负责统筹协调、指导检查全国党政机关厉行节约反对浪费工作，建立协调联络机制承办具体事务。地方各级党委办公厅（室）、政府办公厅（室）负责指导检查本地区党政机关厉行节约反对浪费工作。

纪检监察机关和组织人事、宣传、外事、发展改革、财政、审计、机关事务管理等部门根据职责分工，依法依规履行对厉行节约反对浪费相关工作的管理、监督等职责。

第六条 各级党委和政府应当加强对厉行节约反对浪费工作的组织领导。党政机关领导班子主要负责人对本地区、本部门、本单位的厉行节约反对浪费工作负总责，其他成员根据工作分工，对职责范围内的厉行节约反对浪费工作负主要领导责任。

第二章　经费管理

第七条 党政机关应当加强预算编制管理，按照综合预算的要求，将各项收入和支出全部纳入部门预算。

党政机关依法取得的罚没收入、行政事业性收费、政府性基金、国有资产收益和处置等非税收入，必须按规定及时足额上缴国库，严禁以任何形式隐瞒、截留、挤占、挪用、坐支或者私分，严禁转移到机关所属工会、培训中心、服务中心等单位账户使用。

第八条 党政机关应当遵循先有预算、后有支出的原则，严格执行预算，严禁超预算或者无预算安排支出，严禁虚列支出、转移或者套取预算资金。

严格控制国内差旅费、因公临时出国（境）费、公务接待费、公务用车购置及运行费、会议费、培训费等支出。年度预算执行中不予追加，因特殊需要确需追加的，由财政部门审核后按程序报批。

建立预算执行全过程动态监控机制，完善预算执行管理办法，建立健全预算绩效管理体系，增强预算执行的严肃性，提高预算执行的准确率，防止年底突击花钱等现象发生。

第九条 推进政府会计改革，进一步健全会计制度，准确核算机关运行经费，全面反映行政成本。

第十条 财政部门应当会同有关部门，根据国内差旅、因公临时出国（境）、公务接待、会议、培训等工作特点，综合考虑经济发展水平、有关货物和服务的市场价格水平，制定分地区的公务活动经费开支范围和开支标准。

加强相关开支标准之间的衔接，建立开支标准调整机制，定期根据有关货物和服务的市场价格变动情况调整相关开支标准，增强开支标准的协调性、规范性、科学性。

严格开支范围和标准，严格支出报销审核，不得报销任何超范围、超标准以及与相关公务活动无关的费用。

第十一条 全面实行公务卡制度。健全公务卡强制结算目录，党政机关国内发生的公务差旅费、公务接待费、公务用车购置及运行费、会议费、培训费等经费支出，除按规定实行财政直接支付或者银行转账外，应当使用公务卡结算。

第十二条 党政机关采购货物、工程和服务，应当遵循公开透明、公平竞争、诚实信用原则。

政府采购应当依法完整编制采购预算，严格执行经费预算和资产配置标准，合理确定采购需求，不得超标准采购，不得超出办公需要采购服务。

严格执行政府采购程序，不得违反规定以任何方式和理由指定或者变相指定品牌、型号、产地。采购公开招标数额标准以上的货物、工程和服务，应当进行公开招标，确需改变采购方式的，应当严格执行有关公示和审批程序。列入政府集中采购目录范围的，应当委托集中采购机构代理采购，并逐步实行批量集中采购。严格控制协议供货采购的数量和规模，不得以协议供货拆分项目的方式规避公开招标。

党政机关应当按照政府采购合同规定的采购需求组织验收。政府采购监督管理部门应当逐步建立政府采购结果评价制度，对政府采购的资金节约、政策效能、透明程度以及专业化水平进行综合、客观评价。

加快政府采购管理交易平台建设，推进电子化政府采购。

第三章 国内差旅和因公临时出国（境）

第十三条 党政机关应当建立健全并严格执行国内差旅内部审批制度，从严控制国内差旅人数和天数，严禁无明确公务目的的差旅活动，严禁以公务差旅为名变相旅游，严禁异地部门间无实质内容的学习交流和考察调研。

第十四条 国内差旅人员应当严格按规定乘坐交通工具、住宿、就餐，费用由所在单位承担。

差旅人员住宿、就餐由接待单位协助安排的，必须按标准交纳住宿费、餐费。差旅人员不得向接待单位提出正常公务活动以外的要求，不得接受礼金、礼品和土特产品等。

第十五条 统筹安排年度因公临时出国计划，严格控制团组数量和规模，不得安排照顾性、无实质内容的一般性出访，不得安排考察性出访，严禁集中安排赴热门国家和地区出访，严禁以各种名义变相公款出国旅游。严格执行因公临时出国限量管理规定，不得把出国作为个人待遇、安排轮流出国。严格控制跨地区、跨部门团组。

组织、外专等有关部门应当加强出国培训总体规划和监督管理，严格控制出国培训规模，科学设置培训项目，择优选派培训对象，提高出国培训的质量和实效。

第十六条 外事管理部门应当加强因公临时出国审核审批管理，对违反规定、不适合成行的团组予以调整或者取消。

加强因公临时出国经费预算总额控制，严格执行经费先行审核制度。无出国经费预算安排的不予批准，确有特殊需要的，按规定程序报批。严禁违反规定使用出国经费预算以外资金作为出国经费，严禁向所属单位、企业、我国驻外机构等摊派或者转嫁出国费用。

第十七条 出国团组应当按规定标准安排交通工具和食宿，不得违反规定乘坐民航包机，不得乘坐私人、企业和外国航空公司包机，不得安排超标准住房和用车，不得擅自增加出访国家或者地区，不得擅自绕道旅行，不得擅自延长在国外停留时间。

出国期间，不得与我国驻外机构和其他中资机构、企业之间用公款互赠礼品或者纪念品，不得用公款相互宴请。

第十八条 严格根据工作需要编制出境计划，加强因公出境审批和管理，不得安排出境考察，不得组织无实质内容的调研、会议、培训等活动。

严格遵守因公出境经费预算、支出、使用、核算等财务制度，不得接受超标准接待和高消费娱乐，不得接受礼金、贵重礼品、有价证券、支付凭证等。

第四章　公务接待

第十九条　建立健全国内公务接待集中管理制度。党政机关公务接待管理部门应当加强对国内公务接待工作的管理和指导。

第二十条　党政机关应当建立公务接待审批控制制度，对无公函的公务活动不予接待，严禁将非公务活动纳入接待范围。

第二十一条　党政机关应当严格执行国内公务接待标准，实行接待费支出总额控制制度。

接待单位应当严格按标准安排接待对象的住宿用房，协助安排用餐的按标准收取餐费，不得在接待费中列支应当由接待对象承担的费用，不得以举办会议、培训等名义列支、转移、隐匿接待费开支。

建立国内公务接待清单制度，如实反映接待对象、公务活动、接待费用等情况。接待清单作为财务报销的凭证之一并接受审计。

第二十二条　外宾接待工作应当遵循服务外交、友好对等、务实节俭的原则。外宾邀请单位应当严格按照有关规定安排接待活动，从严从紧控制外宾团组和接待费用。

第二十三条　有关部门和地方应当参照国内公务接待标准，制定招商引资等活动的接待办法，严格审批，强化管理，严禁超规格、超标准接待，严禁扩大接待范围、增加接待项目，严禁以招商引资等名义变相安排公务接待。

第二十四条　党政机关不得以任何名义新建、改建、扩建所属宾馆、招待所等具有接待功能的设施或者场所。

建立接待资源共享机制，推进机关所属接待、培训场所的集中统一管理和利用。健全服务经营机制，推行机关所属接待、培训场所企业化管理，降低服务经营成本。

积极推进国内公务接待服务社会化改革，有效利用社会资源为国内公务接待提供住宿、餐饮、用车等服务。

第五章　公务用车

第二十五条　坚持社会化、市场化方向，改革公务用车制度，合理有效配置公务用车资源，创新公务交通分类提供方式，保障公务出行，降低行政成本，建立符合国情的新型公务用车制度。

改革公务用车实物配给方式，取消一般公务用车，保留必要的执法执勤、机要通信、应急和特种专业技术用车及按规定配备的其他车辆。普通公务出行由公务人员自主选择，实行社会化提供。取消的一般公务用车，采取公开招标、拍卖等方式公开处置。

适度发放公务交通补贴，不得以车改补贴的名义变相发放福利。

第二十六条 党政机关应当从严配备实行定向化保障的公务用车，不得以特殊用途等理由变相超编制、超标准配备公务用车，不得以任何方式换用、借用、占用下属单位或者其他单位和个人的车辆，不得接受企事业单位和个人赠送的车辆。

严格按规定配备专车，不得擅自扩大专车配备范围或者变相配备专车。

从严控制执法执勤用车的配备范围、编制和标准。执法执勤用车配备应当严格限制在一线执法执勤岗位，机关内部管理和后勤岗位以及机关所属事业单位一律不得配备。

第二十七条 公务用车实行政府集中采购，应当选用国产汽车，优先选用新能源汽车。

公务用车严格按照规定年限更新，已到更新年限尚能继续使用的应当继续使用，不得因领导干部职务晋升、调任等原因提前更新。

公务用车保险、维修、加油等实行政府采购，降低运行成本。

第二十八条 除涉及国家安全、侦查办案等有保密要求的特殊工作用车外，执法执勤用车应当喷涂明显的统一标识。

第二十九条 根据公务活动需要，严格按规定使用公务用车，严禁以任何理由挪用或者固定给个人使用执法执勤、机要通信等公务用车，领导干部亲属和身边工作人员不得因私使用配备给领导干部的公务用车。

第六章　会议活动

第三十条 党政机关应当精简会议，严格执行会议费开支范围和标准。

党政机关会议实行分类管理、分级审批。财政部门应当会同机关事务管理等部门制定本级党政机关会议费管理办法，从严控制会议数量、会期和参会人员规模。完善并严格执行严禁党政机关到风景名胜区开会制度规定。

第三十一条 会议召开场所实行政府采购定点管理。会议住宿用房以标准间为主，用餐安排自助餐或者工作餐。

会议期间，不得安排宴请，不得组织旅游以及与会议无关的参观活动，不得以任何名义发放纪念品。

完善会议费报销制度。未经批准以及超范围、超标准开支的会议费用，一律不予报销。严禁违规使用会议费购置办公设备，严禁列支公务接待费等与会议无关的任何费用，严禁套取会议资金。

第三十二条 建立健全培训审批制度，严格控制培训数量、时间、规模，严禁以培训名义召开会议。

严格执行分类培训经费开支标准，严格控制培训经费支出范围，严禁在培训经费中列支公务接待费、会议费等与培训无关的任何费用。严禁以培训名义进行公款宴请、公款旅游活动。

第三十三条 未经批准，党政机关不得以公祭、历史文化、特色物产、单位成立、行政区划变更、工程奠基或者竣工等名义举办或者委托、指派其他单位举办各类节会、庆典活动，不得举办论坛、博览会、展会活动。严禁使用财政性资金举办营业性文艺晚会。从严控制举办大型综合性运动会和各类赛会。

经批准的节会、庆典、论坛、博览会、展会、运动会、赛会等活动，应当严格控制规模和经费支出，不得向下属单位摊派费用，不得借举办活动发放各类纪念品，不得超出规定标准支付费用邀请名人、明星参与活动。为举办活动专门配备的设备在活动结束后应当及时收回。

第三十四条 严格控制和规范各类评比达标表彰活动，实行中央和省（自治区、直辖市）两级审批制度。评比达标表彰项目费用由举办单位承担，不得以任何方式向相关单位和个人收取费用。

第七章 办公用房

第三十五条 党政机关办公用房建设应当从严控制。凡是违反规定的拟建办公用房项目，必须坚决终止；凡是未按照规定程序履行审批手续、擅自开工建设的办公用房项目，必须停建并予以没收；凡是超规模、超标准、超投资概算建设的办公用房项目，应当根据具体情况限期腾退超标准面积或者全部没收、拍卖。

党政机关办公用房应当严格管理，推进办公用房资源的公平配置和集约使用。凡是超过规定面积标准占有、使用办公用房以及未经批准租用办公用房的，必须腾退；凡是未经批准改变办公用房使用功能的，原则上应当恢复原使用功能。严禁出租出借办公用房，已经出租出借的，到期必须收回；租赁合同未到期的，租金收入应当按照收支两条线管理。

第三十六条 党政机关新建、改建、扩建、购置、置换、维修改造、租赁办公用房，必须严格按规定履行审批程序。采取置换方式配给办公用房的，应当执行新建办公用房各项标准，不得以未使用政府预算建设资金、资产整合等名义规避审批。

第三十七条 党政机关办公用房建设项目应当按照朴素、实用、安全、节能原则，严格执行办公用房建设标准、单位综合造价标准和公共建筑节能设计标准，符合土地利用和城市规划要求。党政机关办公楼不得追求成为城市地标建筑，严禁配套建设大型广场、公园等设施。

第三十八条 党政机关办公用房建设项目投资，统一由政府预算建设资金安排。土地收益和资产转让收益应当按照有关规定实行收支两条线管理，不得直接用于办公用房建设。

党政机关办公用房维修改造项目所需投资，统一列入预算由财政资金安排解决，未经审批的项目不得安排预算。

第三十九条 办公用房建设应当严格执行工程招投标和政府采购有关规定，加强对工程项目的全过程监理和审计监督。加快推行办公用房建设项目代建制。

办公用房因使用时间较长、设施设备老化、功能不全，不能满足办公需求的，可以进行维修改造。维修改造项目应当以消除安全隐患、恢复和完善使用功能、降低能源资源消耗为重点，严格履行审批程序，严格执行维修改造标准。

第四十条 建立健全办公用房集中统一管理制度，对办公用房实行统一调配、统一权属登记。

党政机关应当严格按照有关标准和本单位“三定”方案，从严核定、使用办公用房。超标部分应当移交同级机关事务管理部门用于统一调剂。

新建、调整办公用房的单位，应当按照“建新交旧”、“调新交旧”的原则，在搬入新建或者新调整办公用房的同时，将原办公用房腾退移交机关事务管理部门统一调剂使用。

因机构增设、职能调整确需增加办公用房的，应当在本单位现有办公用房中解决；本单位现有办公用房不能满足需要的，由机关事务管理部门整合办公用房资源调剂解决；无法调剂、确需租用解决的，应当严格履行报批手续，不得以变相补偿方式租用由企业等单位提供的办公用房。

第四十一条 党政机关领导干部应当按照标准配置使用一处办公用房，确因工作需要另行配置办公用房的，应当严格履行审批程序。领导干部不得长期租用宾馆、酒店房间作为办公用房。配置使用的办公用房，在退休或者调离时应当及时腾退并由原单位收回。

第八章 资源节约

第四十二条 党政机关应当节约集约利用资源，加强全过程节约管理，提高能源、水、粮食、办公家具、办公设备、办公用品等的利用效率和效益，统筹利用土地，杜绝浪费行为。

第四十三条 对能源、水的使用实行分类定额和目标责任管理。推广应用节能技术产品，淘汰高耗能设施设备，重点推广应用新能源和可再生能源。积极使用节水型器具，建设节水型单位。

健全节能产品政府采购政策，严格执行节能产品政府强制采购和优先采购制度。

第四十四条 优化办公家具、办公设备等资产的配置和使用，通过调剂方式盘活存量资产，节约购置资金。已到更新年限尚能继续使用的，不得报废处置。

对产生的非涉密废纸、废弃电器电子产品等废旧物品进行集中回收处理，促进循环利用；涉及国家秘密的，按照有关保密规定进行销毁。

第四十五条 党政机关政务信息系统建设应当统筹规划，统一组织实施，防止重复建设和频繁升级。

建立共享共用机制，加强资源整合，推动重要政务信息系统互联互通、信息共享和业务协同，降低软件开发、系统维护和升级等方面费用，防止资源浪费。

积极利用信息化手段，推行无纸化办公，减少一次性办公用品消耗。

第九章 宣传教育

第四十六条 宣传部门应当把厉行节约反对浪费作为重要宣传内容，充分发挥各级各类媒体作用，重视运用互联网等新兴媒体，通过新闻报道、文化作品、公益广告等形式，广泛宣传中华民族勤俭节约的优秀品德，宣传阐释相关制度规定，宣传推广厉行节约的经验做法和先进典型，倡导绿色低碳消费理念和健康文明生活方式。

第四十七条 党政机关应当把加强厉行节约反对浪费教育作为作风建设的重要内容，融入干部队伍建设和机关日常管理之中，建立健全常态化工作机制。对各种铺张浪费现象和行为，应当严肃批评、督促改正。

纪检监察机关应当不定期曝光铺张浪费的典型案例，发挥警示教育作用。

组织人事部门和党校、行政学院、干部学院应当把厉行节约反对浪费作为干部教育培训的重要内容，创新教育方法，切实增强教育培训的针对性和实效性。

第四十八条 党政机关应当围绕建设节约型机关，组织开展形式多样、便于参与的活动，引导干部职工增强节约意识、珍惜物力财力，积极培育和形成崇尚节约、厉行节约、反对浪费的机关文化，为在全社会形成节俭之风发挥示范表率作用。

第十章 监督检查

第四十九条 各级党委和政府应当建立厉行节约反对浪费监督检查机制，明确监督检查的主体、职责、内容、方法、程序等，加强经常性督促检查，针对突出问题开展重点检查、暗访等专项活动。

下级党委和政府应当每年向上级党委和政府报告本地区厉行节约反对浪费工作情况，党委和政府所属部门、单位应当每年向本级党委和政府报告本部门、本单位厉行节约反对浪费工作情况。报告可结合领导班子年度考核和工作报告一并进行。

第五十条 领导干部厉行节约反对浪费工作情况，应当列为领导班子民主生活会和领导干部述职述廉的重要内容并接受评议。

第五十一条 党委办公厅（室）、政府办公厅（室）负责统筹协调相关部门开展对厉行节约反对浪费工作的督促检查。每年至少组织开展一次专项督查，并将督查情况在适当范围内通报。专项督查可以与党风廉政建设责任制检查考核、年终党建工作考核等相结合，督查考核结果应当按照干部管理权限送纪检监察机关和组织人事部门，作为干部管理监督、选拔任用的依据。

第五十二条 纪检监察机关应当加强对厉行节约反对浪费工作的监督检查，受理群众举报和有关部门移送的案件线索，及时查处违纪违法问题。

中央和省、自治区、直辖市党委巡视组应当按照有关规定，加强对有关党组织领导班子及其成员厉行节约反对浪费工作情况的巡视监督。

第五十三条 财政部门应当加强对党政机关预算编制、执行等财政、财务、政府采购和会计事项的监督检查，依法处理发现的违规问题，并及时向本级党委和政府汇报监督检查结果。

审计部门应当加大对党政机关公务支出和公款消费的审计力度，依法处理、督促整改违规问题，并将涉嫌违纪违法问题移送有关部门查处。

第五十四条 党政机关应当建立健全厉行节约反对浪费信息公开制度。除依照法律法规和有关要求须保密的内容和事项外，下列内容应当按照及时、方便、多样的原则，以适当方式进行公开：

（一）预算和决算信息；

（二）政府采购文件、采购预算、中标成交结果、采购合同等情况；

（三）国内公务接待的批次、人数、经费总额等情况；

（四）会议的名称、主要内容、支出金额等情况；

（五）培训的项目、内容、人数、经费等情况；

（六）节会、庆典、论坛、博览会、展会、运动会、赛会等活动举办信息；

（七）办公用房建设、维修改造、使用、运行费用支出等情况；

（八）公务支出和公款消费的审计结果；

（九）其他需要公开的内容。

第五十五条 推动和支持人民代表大会及其常务委员会依法严格审查批准党政机关公务支出预算，加强对预算执行情况的监督。发挥人大代表的监督作用，通过提出意见、建议、批评以及询问、质询等方式加强对党政机关厉行节约反对浪费工作的监督。

支持人民政协对党政机关厉行节约反对浪费工作的监督，自觉接受并积极支持政协委员通过调研、视察、提案等方式加强对党政机关厉行节约反对浪费工作的监督。

第五十六条 重视各级各类媒体在厉行节约反对浪费方面的舆论监督作用。建立舆情反馈机制，及时调查处理媒体曝光的违规违纪违法问题。

发挥群众对党政机关及其工作人员铺张浪费行为的监督作用，认真调查处理群众反映的问题。

第十一章 责任追究

第五十七条 建立党政机关厉行节约反对浪费工作责任追究制度。

对违反本条例规定造成浪费的，应当依纪依法追究相关人员的责任，对负有领导责任的主要负责人或者有关领导干部实行问责。

第五十八条 有下列情形之一的，追究相关人员的责任：

（一）未经审批列支财政性资金的；

（二）采取弄虚作假等手段违规取得审批的；

（三）违反审批要求擅自变通执行的；

（四）违反管理规定超标准或者以虚假事项开支的；

（五）利用职务便利假公济私的；

（六）有其他违反审批、管理、监督规定行为的。

第五十九条 有下列情形之一的，追究主要负责人或者有关领导干部的责任：

（一）本地区、本部门、本单位铺张浪费、奢侈奢华问题严重，对发现的问题查处不力，干部群众反映强烈的；

（二）指使、纵容下属单位或者人员违反本条例规定造成浪费的；

（三）不履行内部审批、管理、监督职责造成浪费的；

（四）不按规定及时公开本地区、本部门、本单位有关厉行节约反对浪费工作信息的；

（五）其他对铺张浪费问题负有领导责任的。

第六十条 违反本条例规定造成浪费的，根据情节轻重，由有关部门依照职责权限给予批评教育、责令作出检查、诫勉谈话、通报批评或者调离岗位、责令辞职、免职、降职等处理。

应当追究党纪政纪责任的，依照《中国共产党纪律处分条例》、《行政机关公务员处分条例》等有关规定给予相应的党纪政纪处分。

涉嫌违法犯罪的，依法追究法律责任。

第六十一条 违反本条例规定获得的经济利益，应当予以收缴或者纠正。

违反本条例规定，用公款支付、报销应由个人支付的费用，应当责令退赔。

第六十二条 受到责任追究的人员对处理决定不服的，可以按照相关规定向有关机关提出申诉。受理申诉机关应当依据有关规定认真受理并作出结论。

申诉期间，不停止处理决定的执行。

第十二章 附 则

第六十三条 各省、自治区、直辖市党委和政府，中央和国家机关各部委，可以根据本条例，结合实际制定实施细则。有关职能部门应当根据各自职责，制定完善相关配套制度。

国有企业、国有金融企业、不参照公务员法管理的事业单位，参照本条例执行。

中国人民解放军和中国人民武装警察部队按照军队有关规定执行。

第六十四条 本条例由中共中央办公厅、国务院办公厅会同有关部门负责解释。

第六十五条 本条例自发布之日起施行。1997 年 5 月 25 日发布的《中共中央、国务院关于党政机关厉行节约制止奢侈浪费行为的若干规定》同时废止。其他有关党政机关厉行节约反对浪费的规定，凡与本条例不一致的，按照本条例执行。

预算 制度 改革 严控 监督

——专家解读《党政机关厉行节约反对浪费条例》五大关键词

年底突击花钱、超标准公务接待、公款旅游、超标配备公车、建豪华办公楼……

针对这些广受公众诟病的现象，中共中央、国务院近日印发《党政机关厉行节约反对浪费条例》（以下简称《条例》），一一开出治理“药方”。专家表示，《条例》对铺张浪费行为的整治，凸显出五大关键词。

关键词一：经费管理——预算

由于“突击花钱”背后隐藏的巨大浪费，每年岁末，社会各界对各级党政机关是否存在“突击花钱”现象都十分关心。

对此，《条例》明确提出，“建立预算执行全过程动态监控机制，完善预算执行管理办法，建立健全预算绩效管理体系，增强预算执行的严肃性，提高预算执行的准确率，防止年底突击花钱等现象发生。”

除了年底“突击花钱”之外，一段时间以来，一些党政机关预算制度执行力度不足、执行过程缺乏监督机制等问题，直接导致了超预算或者无预算安排支出情况突出，一定程度上加剧了公款浪费现象的“抬头”。

为此，《条例》指出，“党政机关应当遵循先有预算、后有支出的原则，严格执行预算，严禁超预算或者无预算安排支出，严禁虚列支出、转移或者套取预算资金。”

“公款浪费之所以成为顽疾，表面原因在于‘公款’，其本质在于埋单的钱不受约束。”**中央财经大学教授曾康华**说，如果各部门的接待、会议等经费使用都能严格按照预算执行，就等于从源头上拧紧了党政机关花钱的“阀门”。

关键词二：公务接待——制度

《条例》明确，要通过建立健全四项制度，扎紧“篱笆”，从源头上狠刹公务接待当中的奢侈浪费之风：

公务接待集中管理制度——“党政机关公务接待管理部门应当加强对国内公务接待工作的管理和指导”；

公务接待审批控制制度——“对无公函的公务活动不予接待，严禁将非公务活动纳入接待范围”；

接待费支出总额控制制度——“接待单位应当严格按标准安排接待对象的住宿用房，协助安排用餐的按标准收取餐费，不得在接待费中列支应当由接待对象承担的费用，不得以举办会议、培训等名义列支、转移、隐匿接待费开支”；

公务接待清单制度——“如实反映接待对象、公务活动、接待费用等情况，接待清单作为财务报销的凭证之一并接受审计”……

此外，《条例》还提出，建立接待资源共享机制、健全服务经营机制。

国家行政学院教授龚维斌认为：“这些规定抓住了当前老百姓反映最多最强烈的问题，对公务接待进行了规范化管理，非常及时必要，对于规范公务行为、改善工作作风具有积极意义。”

关键词三：公务用车——改革

公车私用、超编超标配置、豪华装饰……近年来，“车轮腐败”屡见报端。

《条例》明确提出公务用车制度改革坚持社会化、市场化方向，并提出多项具体举措：

——“改革公务用车实物配给方式，取消一般公务用车，保留必要的执法执勤、机要通信、应急和特种专业技术用车及按规定配备的其他车辆”；

——“普通公务出行由公务人员自主选择，实行社会化提供”；

——“取消的一般公务用车，采取公开招标、拍卖等方式公开处置”；

——“适度发放公务交通补贴，不得以车改补贴的名义变相发放福利”……

"可以看出，这次改革方案借鉴、吸收了党政机关及社会各界提出的意见和建议，力度很大。"**中国行政管理学会副秘书长沈荣华**说。

取消一般公务用车、普通公务出行实行社会化提供，无疑是此次公车改革的亮点之一。沈荣华认为，公务出行社会化，可以包括公交、出租车、私车公用、专业租赁等多种形式，这种做法可以从总体上降低行政机关的成本，将更多资金用于民生改善。

"采取适度的货币化、社会化手段，肯定会降低行政成本。"沈荣华说，以浙江杭州为例，实行货币化改革后，杭州第一批车改试点单位2009年用车补贴比车改前公车开支下降了32%。

关键词四：差旅出国·会议活动·办公用房——严控

针对存在于差旅出国（境）、会议活动、办公用房等领域的浪费现象，《条例》明确提出了一系列"从严控制"的措施：

——"从严控制国内差旅人数和天数，严禁无明确公务目的的差旅活动，严禁以公务差旅为名变相旅游""严禁集中安排赴热门国家和地区出访，严禁以各种名义变相公款出国旅游""严禁违反规定使用出国经费预算以外资金作为出国经费，严禁向所属单位、企业、我国驻外机构等摊派或者转嫁出国费用"；

——"从严控制会议数量、会期和参会人员规模""会议期间，不得安排宴请，不得组织旅游以及与会议无关的参观活动，不得以任何名义发放纪念品""严禁列支公务接待费等与会议无关的任何费用，严禁套取会议资金"；

——"凡是违反规定的拟建办公用房项目，必须坚决终止；凡是未按照规定程序履行审批手续、擅自开工建设的办公用房项目，必须停建并予以没收；凡是超规模、超标准、超投资概算建设的办公用房项目，应当根据具体情况限期腾退超标准面积或者全部没收、拍卖""党政机关办公楼不得追求成为城市地标建筑，严禁配套建设大型广场、公园等设施""领导干部不得长期租用宾馆、酒店房间作为办公用房"……

在**国家行政学院教授竹立家**看来，这些规定"非常细致、具体，直面亟待解决的各类问题，不打马虎眼，不笼统模糊，具有很强的操作性，不给任何想钻空子、想'打擦边球'的人机会"。

关键词五：落实保证——监督

严格的监督是保证制度规定不折不扣贯彻执行，防止“破窗”效应的关键。在监督检查方面，《条例》明确规定，各级党委和政府在厉行节约反对浪费方面做得怎么样，要接受10个方面的监督：

民主生活会监督——领导干部厉行节约反对浪费工作情况，“列为领导班子民主生活会和领导干部述职述廉的重要内容并接受评议”；

办公厅（室）督查监督——党委办公厅（室）、政府办公厅（室）“每年至少组织开展一次专项督查，并将督查情况在适当范围内通报”；

纪检监察监督——“纪检监察机关应当加强对厉行节约反对浪费工作的监督检查”；

巡视监督——中央和省、自治区、直辖市党委巡视组“加强对有关党组织领导班子及其成员厉行节约反对浪费工作情况的巡视监督”；

财政监督——“财政部门应当加强对党政机关预算编制、执行等财政、财务、政府采购和会计事项的监督检查”；

审计监督——“审计部门应当加大对党政机关公务支出和公款消费的审计力度”；

人大监督——“推动和支持人民代表大会及其常务委员会依法严格审查批准党政机关公务支出预算，加强对预算执行情况的监督”，“发挥人大代表的监督作用”；

政协监督——“自觉接受并积极支持政协委员通过调研、视察、提案等方式加强对党政机关厉行节约反对浪费工作的监督”；

舆论监督——“建立舆情反馈机制，及时调查处理媒体曝光的违规违纪违法问题”；

群众监督——“发挥群众对党政机关及其工作人员铺张浪费行为的监督作用，认真调查处理群众反映的问题”……

同时，《条例》规定，党政机关应当建立健全厉行节约反对浪费信息公开制度，并对违反规定造成浪费的责任追究进行了明确的规定。

竹立家认为，“十面监督”的安排表明了中央厉行节约反对浪费的力度和决心，体现出党政机关要用真心实意、实际行动树立为人民服务的公仆形象，赢得人民群众的拥护和支持。

[司法解释、司法解释性文件与解读]

最高人民法院　最高人民检察院　公安部　司法部

关于印发《关于依法惩治性侵害未成年人犯罪的意见》的通知

2013年10月23日　　法发〔2013〕12号

各省、自治区、直辖市高级人民法院、人民检察院、公安厅（局）、司法厅（局），解放军军事法院、军事检察院，新疆维吾尔自治区高级人民法院生产建设兵团分院，新疆生产建设兵团人民检察院、公安局、司法局：

为依法惩治性侵害未成年人犯罪，加大对未成年人合法权益的司法保护，现将《最高人民法院、最高人民检察院、公安部、司法部关于依法惩治性侵害未成年人犯罪的意见》印发给你们，请认真贯彻执行。

附：

最高人民法院　最高人民检察院　公安部　司法部

关于依法惩治性侵害未成年人犯罪的意见

为依法惩治性侵害未成年人犯罪，保护未成年人合法权益，根据刑法、刑事诉讼法和未成年人保护法等法律和司法解释的规定，结合司法实践经验，制定本意见。

一、基本要求

1. 本意见所称性侵害未成年人犯罪，包括刑法第二百三十六条、第二百三十七条、第三百五十八条、第三百五十九条、第三百六十条第二款规定的针对未成年人实施的强奸罪，强制猥亵、侮辱妇女罪，猥亵儿童罪，组织卖淫罪，强迫卖淫罪，引诱、容留、介绍卖淫罪，引诱幼女卖淫罪，嫖宿幼女罪等。

2. 对于性侵害未成年人犯罪，应当依法从严惩治。

3. 办理性侵害未成年人犯罪案件，应当充分考虑未成年被害人身心发育尚未成熟、易受伤害等特点，贯彻特殊、优先保护原则，切实保障未成年人的合法权益。

4. 对于未成年人实施性侵害未成年人犯罪的，应当坚持双向保护原则，在依法保护未成年被害人的合法权益时，也要依法保护未成年犯罪嫌疑人、未成年被告人的合法权益。

5. 办理性侵害未成年人犯罪案件，对于涉及未成年被害人、未成年犯罪嫌疑人和未成年被告人的身份信息及可能推断出其身份信息的资料和涉及性侵害的细节等内容，审判人员、检察人员、侦查人员、律师及其他诉讼参与人应当予以保密。

对外公开的诉讼文书，不得披露未成年被害人的身份信息及可能推断出其身份信息的其他资料，对性侵害的事实注意以适当的方式叙述。

6. 性侵害未成年人犯罪案件，应当由熟悉未成年人身心特点的审判人员、检察人员、侦查人员办理，未成年被害人系女性的，应当有女性工作人员参与。

人民法院、人民检察院、公安机关设有办理未成年人刑事案件专门工作机构或者专门工作小组的，可以优先由专门工作机构或者专门工作小组办理性侵害未成年人犯罪案件。

7. 各级人民法院、人民检察院、公安机关和司法行政机关应当加强与民政、教育、妇联、共青团等部门及未成年人保护组织的联系和协作，共同做好性侵害未成年人犯罪预防和未成年被害人的心理安抚、疏导工作，从有利于未成年人身心健康的角度，对其给予必要的帮助。

8. 上级人民法院、人民检察院、公安机关和司法行政机关应当加强对下指导和业务培训。各级人民法院、人民检察院、公安机关和司法行政机关要增强对未成年人予以特殊、优先保护的司法理念，完善工作机制，提高办案能力和水平。

二、办案程序要求

9. 对未成年人负有监护、教育、训练、救助、看护、医疗等特殊职责的人员（以下简称负有特殊职责的人员）以及其他公民和单位，发现未成年人受到性侵害的，有权利也有义务向公安机关、人民检察院、人民法院报案或者举报。

10. 公安机关接到未成年人被性侵害的报案、控告、举报，应当及时受理，迅速进行审查。经审查，符合立案条件的，应当立即立案侦查。

公安机关发现可能有未成年人被性侵害或者接报相关线索的，无论案件是否属于本单位管辖，都应当及时采取制止违法犯罪行为、保护被害人、保护现场等紧急措施，必要时，应当通报有关部门对被害人予以临时安置、救助。

11. 人民检察院认为公安机关应当立案侦查而不立案侦查的，或者被害人及其法定代理人、对未成年人负有特殊职责的人员据此向人民检察院提出异议的，人民检察院应当要求公安机关说明不立案的理由。人民检察院认为不立案理由不成立的，应当通知公安机关立案，公安机关接到通知后应当立案。

12. 公安机关侦查未成年人被性侵害案件，应当依照法定程序，及时、全面收集固定证据。及时对性侵害犯罪现场进行勘查，对未成年被害人、犯罪嫌疑人进行人身检查，提取体液、毛发、被害人和犯罪嫌疑人指甲内的残留物等生物样本，指纹、足迹、鞋印等痕迹，衣物、纽扣等物品；及时提取住宿登记表等书证，现场监控录像等视听资料；及时收集被害人陈述、证人证言和犯罪嫌疑人供述等证据。

13. 办案人员到未成年被害人及其亲属、未成年证人所在学校、单位、居住地调查取证的，应当避免驾驶警车、穿着制服或者采取其他可能暴露被害人身份、影响被害人名誉、隐私的方式。

14. 询问未成年被害人，审判人员、检察人员、侦查人员和律师应当坚持不伤害原则，选择未成年人住所或者其他让未成年人心理上感到安全的场所进行，并通知其法定代理人到场。无法通知、法定代理人不能到场或者法定代理人是性侵害犯罪嫌疑人、被告人的，也可以通知未成年被害人的其他成年亲属或者所在学校、居住地基层组织、未成年人保护组织的代表等有关人员到场，并将相关情况记录在案。

询问未成年被害人，应当考虑其身心特点，采取和缓的方式进行。对与性侵害犯罪有关的事实应当进行全面询问，以一次询问为原则，尽可能避免反复询问。

15. 人民法院、人民检察院办理性侵害未成年人案件，应当及时告知未成年被害人及其法定代理人或者近亲属有权委托诉讼代理人，并告知其如果经济困难，可以向法律援助机构申请法律援助。对需要申请法律援助的，应当帮助其申请法律援助。法律援助机构应当及时指派熟悉未成年人身心特点的律师为其提供法律帮助。

16. 人民法院、人民检察院、公安机关办理性侵害未成年人犯罪案件，除有碍案件办理的情形外，应当将案件进展情况、案件处理结果及时告知被害人及其法定代理人，并对有关情况予以说明。

17. 人民法院确定性侵害未成年人犯罪案件开庭日期后，应当将开庭的时间、地点通知未成年被害人及其法定代理人。未成年被害人的法定代理人可以陪同或者代表未成年被害人参加法庭审理，陈述意见，法定代理人是性侵害犯罪被告人的除外。

18. 人民法院开庭审理性侵害未成年人犯罪案件，未成年被害人、证人确有必要出庭的，应当根据案件情况采取不暴露外貌、真实声音等保护措施。有条件的，可以采取视频等方式播放未成年人的陈述、证言，播放视频亦应采取保护措施。

三、准确适用法律

19. 知道或者应当知道对方是不满十四周岁的幼女，而实施奸淫等性侵害行为的，应当认定行为人“明知”对方是幼女。对于不满十二周岁的被害人实施奸淫等性侵害行为的，应当认定行为人“明知”对方是幼女。

对于已满十二周岁不满十四周岁的被害人，从其身体发育状况、言谈举止、衣着特征、生活作息规律等观察可能是幼女，而实施奸淫等性侵害行为的，应当认定行为人“明知”对方是幼女。

20. 以金钱财物等方式引诱幼女与自己发生性关系的；知道或者应当知道幼女被他人强迫卖淫而仍与其发生性关系的，均以强奸罪论处。

21. 对幼女负有特殊职责的人员与幼女发生性关系的，以强奸罪论处。对已满十四周岁的未成年女性负有特殊职责的人员，利用其优势地位或者被害人孤立无援的境地，迫使未成年被害人就范，而与其发生性关系的，以强奸罪定罪处罚。

22. 实施猥亵儿童犯罪，造成儿童轻伤以上后果，同时符合刑法第二百三十四条或者第二百三十二条的规定，构成故意伤害罪、故意杀人罪的，依照处罚较重的规定定罪处罚。

对已满十四周岁的未成年男性实施猥亵，造成被害人轻伤以上后果，符合刑法第二百三十四条或者第二百三十二条规定的，以故意伤害罪或者故意杀人罪定罪处罚。

23. 在校园、游泳馆、儿童游乐场等公共场所对未成年人实施强奸、猥亵犯罪，只要有其他多人在场，不论在场人员是否实际看到，均可以依照刑法第二百三十六条第三款、第二百三十七条的规定，认定为在公共场所“当众”强奸妇女，强制猥亵、侮辱妇女，猥亵儿童。

24. 介绍、帮助他人奸淫幼女、猥亵儿童的，以强奸罪、猥亵儿童罪的共犯论处。

25. 针对未成年人实施强奸、猥亵犯罪的，应当从重处罚，具有下列情形之一的，更要依法从严惩处：

（1）对未成年人负有特殊职责的人员、与未成年人有共同家庭生活关系的人员、国家工作人员或者冒充国家工作人员，实施强奸、猥亵犯罪的；

（2）进入未成年人住所、学生集体宿舍实施强奸、猥亵犯罪的；

（3）采取暴力、胁迫、麻醉等强制手段实施奸淫幼女、猥亵儿童犯罪的；

（4）对不满十二周岁的儿童、农村留守儿童、严重残疾或者精神智力发育迟滞的未成年人，实施强奸、猥亵犯罪的；

（5）猥亵多名未成年人，或者多次实施强奸、猥亵犯罪的；

（6）造成未成年被害人轻伤、怀孕、感染性病等后果的；

（7）有强奸、猥亵犯罪前科劣迹的。

26. 组织、强迫、引诱、容留、介绍未成年人卖淫构成犯罪的，应当从重处罚。强迫幼女卖淫、引诱幼女卖淫的，应当分别按照刑法第三百五十八条第一款第（二）项、第三百五十九条第二款的规定定罪处罚。

对未成年人负有特殊职责的人员、与未成年人有共同家庭生活关系的人员、国家工作人员，实施组织、强迫、引诱、容留、介绍未成年人卖淫等性侵害犯罪的，更要依法从严惩处。

27. 已满十四周岁不满十六周岁的人偶尔与幼女发生性关系，情节轻微、未造成严重后果的，不认为是犯罪。

四、其他事项

28. 对于强奸未成年人的成年犯罪分子判处刑罚时，一般不适用缓刑。

对于性侵害未成年人的犯罪分子确定是否适用缓刑，人民法院、人民检察院可以委托犯罪分子居住地的社区矫正机构，就对其宣告缓刑对所居住社区是否有重大不良影响进行调查。受委托的社区矫正机构应当及时组织调查，在规定的期限内将调查评估意见提交委托机关。

对于判处刑罚同时宣告缓刑的，可以根据犯罪情况，同时宣告禁止令，禁止犯罪分子在缓刑考验期内从事与未成年人有关的工作、活动，禁止其进入中小学校区、幼儿园园区及其他未成年人集中的场所，确因本人就学、居住等原因，经执行机关批准的除外。

29. 外国人在我国领域内实施强奸、猥亵未成年人等犯罪的，应当依法判处，在判处刑罚时，可以独立适用或者附加适用驱逐出境。对于尚不构成犯罪但构成违反治安管理行为的，或者因实施性侵害未成年人犯罪不适宜在中国境内继续停留居留的，公安机关可以依法适用限期出境或者驱逐出境。

30. 对于判决已生效的强奸、猥亵未成年人犯罪案件，人民法院在依法保护被害人隐私的前提下，可以在互联网公布相关裁判文书，未成年人犯罪的除外。

31. 对于未成年人因被性侵害而造成的人身损害，为进行康复治疗所支付的医疗费、护理费、交通费、误工费等合理费用，未成年被害人及其法定代理人、近亲属提出赔偿请求的，人民法院依法予以支持。

32. 未成年人在幼儿园、学校或者其他教育机构学习、生活期间被性侵害而造成人身损害，被害人及其法定代理人、近亲属据此向人民法院起诉要求上述单位承担赔偿责任的，人民法院依法予以支持。

33. 未成年人受到监护人性侵害，其他具有监护资格的人员、民政部门等有关单位和组织向人民法院提出申请，要求撤销监护人资格，另行指定监护人的，人民法院依法予以支持。

34. 对未成年被害人因性侵害犯罪而造成人身损害，不能及时获得有效赔偿，生活困难的，各级人民法院、人民检察院、公安机关可会同有关部门，优先考虑予以司法救助。

解读——
《最高人民法院、最高人民检察院、公安部、司法部关于依法惩治性侵害未成年人犯罪的意见》

周　峰　薛淑兰　赵俊甫　肖　凤*

2013年10月24日，最高人民法院、最高人民检察院、公安部、司法部联合发布了《关于依法惩治性侵害未成年人犯罪的意见》（法发〔2013〕12号，以下简称《意见》），就办理性侵害未成年人犯罪案件提出了总体要求，并就法律适用和政策把握中的突出问题提出了具体意见。这对于依法惩治性侵害未成年人犯罪，加大对未成年人合法权益的司法保护力度，具有重要的指导意义。为便于正确理解和适用本《意见》，现就《意见》的制定背景和过程、制定原则及主要内容予以说明。

一、制定《意见》的背景和过程

未成年人是祖国的未来、民族的希望。据统计，截至2012年底，我国18岁以下的未成年人有3亿多人，其中14岁以下的儿童有2亿多人。依法保护未成年人特别是儿童健康安全成长，免受违法犯罪侵害，涉及亿万家庭的幸福和谐，事关社会稳定和国家未来发展。改革开放以来，我国保护未成年人权益的法律体系日臻健全，司法保护力度不断增强，未成年人权益保护工作取得积极进展。但是，未成年人身心发育尚不成熟，易受犯罪侵害，特别是遭受性侵害现象突出，这也是当前世界各国共同面临的严峻问题。在我国，近年来，对未成年人实施奸淫、猥亵，诱骗、组织、强迫未成年少女卖淫等违法犯罪活动时有发生，虽然在整个刑事犯罪案件中所占比例不高，但是这些犯罪给未成年人身心健康造成严重伤害，在社会上造成极为恶劣的影响，人民群众反映十分强烈。

2013年年初，最高人民法院就侵犯未成年人权益犯罪重点是性侵害

* 作者单位：最高人民法院刑事审判第一庭。

未成年人犯罪，成立调研课题组，向全国各级法院征集近年来审结的性侵害未成年人犯罪典型案例300多件及调研报告数十篇，先后在江苏、浙江、福建、青海、吉林、北京等地进行专题调研，召开研讨会，听取全国人大法工委、最高人民检察院、公安部、司法部、民政部、共青团中央、全国妇联、部分省市法院、检察机关、公安机关及有关未成年人保护组织的意见，全面收集了解情况，包括其他国家和地区惩治性侵害犯罪及保护未成年人权益的有益经验和举措，对法律政策适用等方面存在的问题进行了系统梳理。经与最高人民检察院、公安部、司法部共同深入研究，于8月中旬起草了《意见》初稿。后将《意见》提交专家论证讨论，并多次征求中央各政法部门的意见，根据反馈意见，几经综合研究，反复修改，形成了《意见》（送审稿），分别经过最高人民法院、最高人民检察院、公安部、司法部相关工作程序，通过了本《意见》。

二、制定《意见》的基本原则

总体而言，《意见》的制定贯彻了如下两项基本原则：

1. 突出体现对性侵害犯罪分子的依法严惩。《意见》强化了公安机关及时立案和收集、固定证据职责，重点明确了奸淫幼女等性侵害犯罪的认定原则；对于形式上存在一定金钱财物往来，但本质上为奸淫幼女的行为，明确要求以强奸罪定罪处罚；对于承担教育、监护等特殊职责的人员强奸、猥亵未成年人，进入未成年人住所、学生集体宿舍实施强奸、猥亵，奸淫、猥亵农村留守儿童，以及有性犯罪前科劣迹的行为人再次实施性侵害等严重情形，规定更要从严惩处；对于强奸未成年人的成年犯罪分子，要求一般不得适用缓刑，为保护未成年人权益架起一道不容任何不法犯罪分子触碰、逾越的高压线。

2. 突出体现对未成年被害人的特殊、优先保护。《意见》共34条，用近一半的篇幅，从办案工作要求、避免对被害人造成“二次伤害”、为被害人提供法律援助、加大民事赔偿和司法救助力度等十余个方面，为未成年被害人提供最大限度的司法关怀与呵护。

三、对《意见》主要内容的说明

《意见》分四个部分共34条，着重从依法严惩性侵害犯罪、加大对未成年被害人的保护力度两个主要方面，提出了具体意见。

（一）关于立案

实践中，不报案或者报案不及时

是导致性侵害未成年人犯罪案件难以及早进入司法程序的主要原因之一。因此，根据刑事诉讼法关于普通公民和单位报案、举报的有关规定，《意见》第9条明确，对未成年人负有监护、教育、训练、救助、看护、医疗等特殊职责的人员（以下简称“负有特殊职责的人员”）以及其他公民和单位，发现未成年人受到性侵害的，有权利也有义务向有关机关报案或者举报，旨在突出与未成年人接触密切的人员与机构对发现性侵害事实的报案义务，以使此类案件尽早进入司法程序。《意见》没有规定不报案的法律后果，但对于教师、监护人等特殊职责人员或单位应报案而不报案，造成严重后果的，依据相关行政、民事等法律法规，仍有可能承担相应的行政责任和民事赔偿责任，《意见》的规定具有重要宣示导向作用。

立案是启动刑事诉讼程序的首要环节，立案条件掌握的宽与严，直接关系到对性侵害未成年人的犯罪能否及时进行有效惩治。根据刑事诉讼法的规定，公安机关立案的条件是“发现有犯罪事实、需要追究刑事责任”，但实践中对于如何把握“发现有犯罪事实”这个条件，易产生不同认识。性侵害未成年人犯罪案件，犯罪方式大多隐蔽，以犯罪嫌疑人、被告人供述与被害人陈述即“一对一”证据居多，未成年被害人由于年幼，有时不敢报案或者无法报案，且一些案件报案不及时，部分证据灭失，对于是否符合立案条件，可能会出现争议。考虑此种情况，《意见》在第9至11条着重明确了侦查立案问题，目的就是为了使性侵害未成年人的罪行在第一时间内得到制止和揭露，避免给未成年被害人造成更大的伤害。

《意见》第10条进一步重申和强调了公安机关接到相关报案、控告、举报及时审查、立案的职责，特别是明确规定，公安机关发现可能有未成年人被性侵害或者接报相关线索的，无论对案件是否有管辖权，都应当及时采取制止违法犯罪行为、保护被害人、保护现场等紧急措施，必要时，应当通报有关部门，比如民政部门，对未成年被害人予以临时安置、救助。在我国当前对未成年被害人尚缺少系统的临时庇护、救助机制的情况下，此规定对于解决那些监护人不明确或者未成年人直接受到监护人性侵害、不宜继续留在监护人身边的被害人的临时救助等问题，具有现实意义。为防止有案不立现象发生，《意见》第11条进一步强调了检察机关对公安机关的立案监督职责。其中，除刑事诉讼法第一百一十一条规定的被害人有权申请检察机关进行立案监督外，首次明确了被害人的法定代理人及负有特殊职责的人员也有权申请检察机关进行立案监督，这既符合刑事诉讼法规定立案监督制度的立法精神，也有利于加大对未成年被害人的保护力度。

需要指出的是，在调研过程中，有意见提出，考虑遭受性侵害关系未成年被害人及其亲属名誉隐私，从情理分析，如相关人员主动报案、控告，那么存在犯罪事实的可能性就很大，不能对刑事诉讼法规定的“有犯罪事实发生”的立案条件做过于苛刻的理解，要求必须达到证据确实、充分，才予立案，建议对此类报案、举报、控告，一经提出，公安机关应当立即立案。经研究，考虑到性侵害案件报案、举报、控告情形的复杂性，并与刑事诉讼法的规定保持一致，最终未采纳该种意见。但在办案实践中，对于未成年被害人或者其法定代理人等关系密切人员就未成年人遭到性侵害报案、控告的，公安机关不宜仅以只有被害人陈述、其他证据不足为由不予立案，而应当迅速受理，对有关线索进行初查，调取补充证据，及时决定是否立案，杜绝“不破不立”现象发生。

（二）关于奸淫幼女等性侵害犯罪中主观明知的认定

奸淫幼女、引诱幼女卖淫、嫖宿幼女等性侵害犯罪，是否以行为人明知被害人系幼女为构成犯罪的必要要件，各国规定存在差异。总体而言，英美法系国家针对此类犯罪大多规定了严格责任，即行为人不得以不知被害人系幼女作为无罪的抗辩事由，或者在少数情况下，只有其误认幼女年龄存在真实的、合理的理由时，才可以作为抗辩事由。大陆法系国家，大多排斥严格责任的存在，“明知”被害人系幼女，一般是构成相应性侵害犯罪的明示或默示要件。比如，俄罗斯刑法典即以明示的方式将明知幼女的年龄作为奸淫幼女犯罪的必要要件，但对于认定可构成明知的条件，掌握上一般相对比较宽松。

我国刑法实践及理论通说均坚持罪过责任原则，认为奸淫幼女等性侵害犯罪，“明知”被害人年龄是默示的犯罪构成必要要件。在司法实践中，相关规范性文件亦坚持此种立场。例如，2001 年最高人民检察院《关于构成嫖宿幼女罪主观上是否需要具备明知要件的解释》规定：“行为人知道被害人是或者可能是不满 14 周岁幼女而嫖宿的，以嫖宿幼女罪追究刑事责任。”这一解释表明，嫖宿幼女构成犯罪，需以“明知”为前提。

需要指出的是，对幼女进行特殊保护是世界各国的基本共识。以强奸罪为例，根据我国刑法规定和司法实践，奸淫不满14周岁的幼女构成强奸罪，不要求采取强制手段实施，而对于使用暴力、胁迫或者其他强制手段与不满14周岁的幼女发生性关系的，无论是否“明知”被害人为幼女，都要以强奸罪论处，从重处罚。实践中，有些犯罪嫌疑人、被告人未使用暴力、胁迫或者其他强制手段与幼女发生性关系，而以各种理由辩解是与幼女正常交往，不明知被害人是幼女，给审查认定案件事实造成一定困难。因此，必须明确，只有在采取非强制手段与幼女发生性关系的案件中，如何认定“是否明知被害人为幼女”才会成为需要解决的问题。

《意见》第19条第一款首先明确，知道或者应当知道对方是不满14周岁的幼女，而实施奸淫等性侵害行为的，应当认定行为人“明知”对方是幼女，这是认定奸淫幼女等性侵害犯罪主观明知问题的总原则。此外，该条第二款、第三款以幼女年龄是否达到12周岁为标准，对如何认定“明知”，分别予以指导和规范。

其中，第二款规定，对于不满12周岁的被害人实施奸淫等性侵害行为的，应当认定行为人“明知”对方是幼女。也就是说，即使被害人身体发育、言谈举止等呈早熟特征，行为人亦辩称其误认被害人已满14周岁，也不应采信其辩解。如此规定主要考虑：经过对大量审结案例进行统计分析，并广泛征求各方意见，12周岁以下幼女基本都处在接受小学教育阶段，社会关系简单，外在幼女特征相对较为明显；即使极个别幼女身体发育早于同龄人，但一般人从其言谈举止、生活作息规律等其他方面通常也足以观察其可能是幼女，而且从对幼女进行特殊保护的立场考虑，也不应存在争议。故《意见》将对不满12周岁的被害人实施奸淫等性侵害行为，规定为“应当”认定行为人“明知”对方是幼女。

考虑到已满12周岁不满14周岁年龄段的幼女，其身心发育特点与已满14周岁的未成年少女较为接近，《意见》第19条第三款规定，从被害人身体发育状况、言谈举止、衣着特征、生活作息规律等观察可能是幼女，而实施奸淫等性侵害行为的，也应当认定行为人“明知”对方是幼女。需要指出的是，《意见》虽然区分幼女是否已满12周岁，对明知问题予以分别规定，但绝不是厚此薄彼，弱化对已满12周岁幼女的保护力度。第二、第三两款均属于对“明知”认定问题的规范指引，不同的是，第二款属于绝对确定的指引，第三款属于相对确定的指引。主要是考虑到司法实践情况的复杂性，不排除存在一般人、行为人根本不可能判断出接近12至14周岁年龄段中的某些被害人是否是幼女的特殊情形存在。换言之，对于已满12周岁的幼女实施奸淫等性侵害行为的，如无极其特殊的例外情况，一般均应当认定行为人明知被害人是幼女。这里的极其特殊的例外情况，具体可从以下三个方面把握：

一是客观上被害人身体发育状况、言谈举止、衣着、生活作息规律等特征确实接近成年人；二是必须确有证据或者合理依据证明行为人根本不可能知道被害人是幼女；三是行为人已经足够谨慎行事，但仍然对幼女年龄产生了误认，即使其他正常人处在行为人的场合，也难以避免这种错误判断。比如，与发育较早、貌似成人、虚报年龄的已满12周岁不满14岁的幼女，在谈恋爱和正常交往过程中，双方自愿发生了性行为，确有证据证实行为人不可能知道对方是幼女的，才可以采纳其不明知的辩解，但应严格予以掌握。相反，如果行为人采取引诱、欺骗等方式，或者根本不考虑被害人是否是幼女，而甘冒风险对被害人进行奸淫等性侵害的，一般都应当认定行为人明知被害人是幼女，以实现对幼女的特殊保护，堵塞惩治犯罪的漏洞。

另外需要指出的是，对于已满14周岁不满16周岁的男少年与幼女在正常恋爱交往过程中自愿发生性关系的，如果行为人提出不明知被害人系幼女的辩解，是否采纳其辩解，固然应考虑青少年认知、辨识能力有别于成年人的一面，但同样也应当严格把握，一般不宜以行为人不明知幼女年龄为由，认定其不构成犯罪，对于确属情节轻微，未造成严重后果的，可根据《意见》第27条的规定，从政策把握的角度做非罪化处理。

（三）关于形似钱色交易而实为奸淫幼女行为的性质认定

根据我国刑法规定，幼女可以自愿作出性承诺的法定年龄界限为14周岁。也就是说，与不满14周岁的幼女发生性关系，即使幼女“自愿”，刑法也否定其“自愿”的效力，不免除行为人与幼女发生性关系所应当承担的罪责，行为人为此支付金钱财物亦不例外。1991年全国人大常委会通过《关于严禁卖淫嫖娼的决定》，在决定第五条第二款规定："嫖宿不满十四周岁的幼女的，依照刑法关于强奸罪的规定处罚。"1997年刑法修改，分别在第二百三十六条第二款规定，"奸淫不满十四周岁的幼女的，以强奸论，从重处罚"，在第三百六十条第二款规定："嫖宿不满十四周岁的幼女的，处五年以上有期徒刑，并处罚金。"由此，与不满14周岁的幼女发生性关系，在现行法律框架下，存在既可定强奸罪也可定嫖宿幼女罪的问题。区分的标准，根据刑法理论和实务部门的主流观点，即被害幼女是否已主动自愿从事卖淫活动，是，则构成嫖宿幼女罪；不是，则构成强奸罪。

在起草意见过程中，课题组对各级法院近几年来审结的嫖宿幼女犯罪案件进行了初步统计分析。从数据来看，每年此类案件数量不大，即数十件左右，判处五年以上有期徒刑的重刑率在60%以上，法院适用法律总体上是准确和得当的。但考虑此类犯罪发生的隐蔽性，是否有些案件未暴露、未进入司法程序，尚无数据资料证实。课题组广泛听取了团委、妇联和有关部门的意见，普遍反映，在既定法律规范框架下，有必要明确嫖宿幼女罪与强奸罪的界限，以指导执法和司法机关准确适用法律。同时，回应社会公众所担忧的有些行为人可能以嫖宿为借口逃避承担强奸罪罪责的可能，并震慑性侵害幼女的不法犯罪分子。

根据广泛调研论证，不能以是否给付金钱财物作为区分嫖宿幼女罪与强奸罪的界限。实践中，一些性侵害幼女的行为只是形式上具有钱色交易的外衣，其实质仍是一种奸淫行为，对此类行为的法律评价必须透过现象看清其奸淫幼女的行为本质。鉴于此，《意见》第20条规定："以金钱财物等方式引诱幼女与自己发生性关系的；知道或者应当知道幼女被他人强迫卖淫而仍与其发生性关系的，均以强奸罪论处。"在前一种情形中，金钱财物等方式的引诱只是行为人达到奸淫幼女目的的手段，应当认定行为人具有奸淫幼女的故意；在后一种情形中，行为人实际利用了他人的强迫行为所造成的被害幼女非自愿状态而进行奸淫，均与嫖宿幼女罪的本质有异。《意见》针对上述两种情形，明确以强奸罪论处，有利于避免产生不必要的争议。

（四）关于负有特殊职责的人员性侵害未成年人行为性质的认定

监护人、教师、医生、保姆等人员或者与幼女相熟，或者具有了解幼女真实年龄的条件，同时对幼女又负有不同于普通公民的特殊职责，对于此类人员与幼女发生性关系，即使其提出未采取暴力、胁迫等非法手段，主观上不明知被害人为幼女的辩解，司法机关也不应采纳，概因此种情形属于不证自明的事实。有鉴于此，《意见》第21条第一款作出了特别规定。

我国刑法对不满14周岁的幼女确立了特殊保护原则，实践中，已满14周岁的未成年少女虽然比幼女的认知、判断能力有所增强，但其身心发育尚未完全成熟，在日常生活、学习和物质条件方面对监护人、教师等负有特殊职责的人员，存在一定的服从、依赖关系，容易在非自愿状态下受到性侵害。有时行为人对此类被害人实施程度相对于成年被害人而言可能仅是轻微的胁迫，即可使未成年被害人不敢反抗、不能反抗，进而达到奸淫目的，对于此类行为，能否认定为强奸罪，实践中存在不同认识。参考1984年《最高人民法院、最高人民检察院、公安部关于当前办理强奸案件中具体应用法律的若干问题的解答》（已失效）的指导精神及相关规定，《意见》第21条第二款进一步明确规定："对已满十四周岁的未成年女性负有特殊职责的人员，利用其优势地位或者被害人孤立无援的境地，迫使未成年被害人就范，而与其发生性关系的，以强奸罪定罪处罚。"考察域外立法，德国、意大利、俄罗斯、英国、美国、我国台湾地区均有类似的规定，均体现了对该年龄段未成年少女进行特殊保护的司法理念。

在适用该第二款时应当注意：对于强制手段和程度的认定，应充分考虑未成年被害人身心脆弱，及与特殊职责人员之间存在特殊关系，易受伤害等情况，与针对成年人实施的强制性侵害行为有所区分。其中，所谓"利用优势地位"进行奸淫是指，行为人与未成年被害人之间具有监护、教育、训练、看护、救助、医疗等特殊关系，且行为人故意利用这种特殊关系，以使未成年被害人的生活条件、受教育或训练的机会、接受救助或医疗等方面可能受到影响的方式，对被害人施加压力，使其不得不容忍行为人对其进行奸淫。比如，养（生）父以虐待、克扣生活费迫使养（生）女容忍其奸淫。所谓利用未成年人"孤立无援的境地"进行奸淫，是指由于各种原因，未成年被害人处于不得不依赖于上述特殊职责人员的资助、抚育、照顾和救助等状况，而行为人有意利用此种状况，迫使被害人容忍其奸淫行为。比如，对处于身患严重疾病、流落街头需要接受救助等境地的未成年被害人进行奸淫。

（五）关于“在公共场所当众实施强奸、猥亵、侮辱”加重处罚情节的认定

我国刑法规定，猥亵儿童的，在五年以下有期徒刑或者拘役的量刑幅度内从重处罚，聚众或者在公共场所当众实施的，在五年以上有期徒刑的量刑幅度内从重处罚。奸淫幼女，在不具有刑法规定的法定加重情节的情况下，以强奸罪在三年以上十年以下有期徒刑的量刑幅度内从重处罚，在公共场所当众实施的，应处十年以上有期徒刑、无期徒刑或者死刑。是否认定为在公共场所当众实施性侵害犯罪，关系到加重处罚情节的适用，影响重大。公共场所当众实施性侵害犯罪，仅从文义理解，一般是指在车站、码头、街道及其他不特定人员可以随意进出、使用的场所，当着其他在场人员的面实施性侵害，但这属于对“公共场所”和“当众”的最狭义理解。

调研发现，在一些校园性侵害案件中，个别小学教师在教室内诸多学生在场的情况下借职务之便，以辅导功课、安排任务等名义，将其中部分年幼学生叫到教室某个角落，利用讲台、课桌等物体遮挡，对被害人进行猥亵甚至奸淫，罪行令人发指。对于“教室”这一既供多数人使用但同时又相对封闭的特殊场所，可否理解为“公共场所”，以及是否要求其他在场人员实际看到猥亵、奸淫行为，才能认定为“在公共场所当众猥亵、强奸”，实践中存在一定争议。根据教室（校园）的“涉众性”和“供多数人使用”的功能特征，以及“公共场所”“当众”概念在广义上理解可能包括的含义，并考虑此类犯罪的严重社会危害性，《意见》第23条对“公共场所”和“当众”的含义进行了明确，规定在校园、游泳馆、儿童游乐场等公共场所对未成年人实施强奸、猥亵犯罪，只要有其他多人在场，不论在场人员是否实际看到，均可以认定为在公共场所“当众”强奸妇女，强制猥亵、侮辱妇女，猥亵儿童。在适用该条规定时应注意：认定为“当众”实施性侵害犯罪虽不要求其他在场的多人实际看到，但基于“当众”概念的一般含义及具有“当众”情节处罚的严厉性，从空间上来讲，其他在场的多人一般要在行为人实施犯罪地点视力所及的范围之内，也就是说，性侵害行为处于其他在场人员随时可能发现、可以发现的状况。

（六）关于七种从重从严处罚情节的认定

我国刑法第二百三十六条、第二百三十七条明确规定，奸淫幼女，猥亵儿童的，从重处罚，对于强奸已满14周岁未成年少女的，人民法院在审判实践中一般也酌定从重处罚。《意见》第25条从特殊身份犯罪主体、特定犯罪场所、危害性大的犯罪手段及行为、特别弱势犯罪对象、相对严重犯罪后果、被告人有性侵前科劣迹等方面，对一些酌定从严处罚情节，通过规范性文件的形式首次予以明确，以指导各级司法机关在办理性侵害未成年人犯罪案件，选择从重处罚时，更加体现依法严惩。比如，奸淫幼女一人一次，根据刑法规定，应在三年以上十年以下有期徒刑幅度内从重处罚，如果根据量刑规范化意见，可能判处四年或者五年有期徒刑，那么，对于具有《意见》第25条所列情形之一，比如进入学生集体宿舍强奸的，则可判处高于四年或五年有期徒刑的刑罚，也就是在从重的基础上更加体现从严惩处。

1. 监护人、教师、教练、救助人、保姆、医生等对未成年人负有特殊职责的人员，与未成年人有共同家庭生活关系的人员，比如随单身或离异母亲生活的女儿，其母亲的同居男友，对未成年人实施性侵害犯罪，严重挑战社会伦理道德底线；同时，该类人员具有接触未成年人的便利条件，实施性侵害行为更为隐蔽，一般人难以发现，持续时间通常更长，未成年被害人更难以抗拒和向有关部门揭露，社会危害更大。因此，应当依法严惩。国家工作人员理应做模范守法的典范和保护未成年人的表率，而极少数国家工作人员性侵害未成年人，与普通公民实施性侵害相比，社会影响更为恶劣，也应当依法严惩。冒充国家工作人员强奸、猥亵未成年人，易在社会造成不良影响，亦应严惩。

2. 未成年人的住所、学生集体宿舍，是未成年人生活起居的主要场所，也是未成年人最应感到心理安全的场所。进入上述场所实施强奸、猥亵犯罪，严重冲击被害人的心理安全感，甚至在一定范围内造成社会恐慌，危害性大，应当严惩。从其他国家和地区立法例来看，比如，我国台湾地区“刑法”规定，违反被害人意愿性交者，构成普通强制性交罪，处三年以上十年以下有期徒刑，侵入住宅或有人居住的建筑物、船舰或隐匿其内实施的，构成加重强制性交罪，处七年以上有期徒刑，亦体现出对在特殊场所实施性侵害犯罪的严惩。

3.《意见》规定，对不满12周岁的儿童、农村留守儿童、严重残疾或者精神智力发育迟滞的未成年人，实施强奸、猥亵，从严惩处，是考虑到，上述被害人均属于弱势人群中的底层，更易受犯罪侵害，且危害后果更严重。需要指出的是，被害人特别年幼，在从重程度的把握上可酌情予以考虑。

4. 奸淫幼女、猥亵儿童，构成犯罪，不要求采取暴力、胁迫、麻醉等强制手段实施，但如行为人采取上述强制手段的，对被害人伤害更大，故应体现从严惩处。

5. 根据刑法第二百三十六条第三款的规定，强奸妇女、奸淫幼女多人的，属加重处罚情节。对同一名被害人多次强奸或者奸淫的，如何体现“从严”惩处，实践中存在争议。起草意见过程中，有意见提出，可将其解释为该条第三款规定的“强奸妇女、奸淫幼女情节恶劣”，从而适用加重处罚条款。从刑法条文来看，未将强奸、奸淫“多次”与“多人”并列规定，说明立法乃有意有所区别，即前者系针对同一名被害人实施，侵害客体单一，强奸、奸淫三次以上的社会危害性尚达不到应判处十年以上有期徒刑的严重程度。故《意见》将多次强奸明确为从重处罚情节，针对未成年人实施的，量刑时进一步体现从严。另外，刑法第二百三十七条仅规定了“聚众或者在公共场所当众实施猥亵、侮辱”的加重处罚情节，对于量刑时应予考虑的从重处罚情节未作规定。故《意见》结合司法实践经验，将“猥亵多人、多次猥亵”这两种多发、常见同时也是危害性更大的情形，明确为从重处罚情节。

6. 造成未成年被害人轻伤、怀孕、感染性病，不属于刑法第二百三十五条第三款第（五）项规定的“其他严重后果”加重处罚情节，但因对未成年被害人身心伤害大，故量刑时也要体现从严。其中，对造成未成年人怀孕，是否规定为加重处罚情节，起草《意见》阶段，存在不同意见。调研发现，各地法院理解掌握标准不一。经反复研究，强奸造成未成年人怀孕，会给被害人造成很大身心创伤，但怀孕系强奸的附随后果，且发现怀孕的阶段及采取干预措施的不同，对被害人身心伤害大小存在很大差异，如将怀孕解释为“其他严重后果”，未免失之于绝对，与刑法所列举的应当判处十年以上有期徒刑的五种法定情形，严重性程度有别。故将造成未成年被害人怀孕这一情节本身作为从重处罚情节掌握，更妥当一些。但也不排除，多次造成未成年被害人怀孕、流产，或者同时具有“特殊职责人员采取强制手段实施”等其他从重处罚情节的，在综合考虑的基础上，认定为刑法第二百三十六条第三款第（一）项规定的“强奸妇女、奸淫幼女情节恶劣”，从而加重处罚。

7. 有强奸、猥亵犯罪前科劣迹，又实施强奸、猥亵未成年人犯罪，前后两种行为均属性侵害不法犯罪，反映行为人主观恶性深、人身危险性大，应当从严惩处。

需要指出的是，调研过程中，有意见提出，建议列举具体情形，将刑法第二百三十六条第三款第（一）项规定的“强奸妇女、奸淫幼女情节恶劣”予以明确化。考虑到司法实践的复杂性，未采纳该种意见。鉴于《意见》第25条从犯罪主体、犯罪对象、犯罪地点、犯罪手段、犯罪后果等诸多方面对强奸未成年人犯罪的从重处罚情节作了明确，实践中，可以综合考虑上述所列某几项情形，认定强奸行为是否属于“情节恶劣”。

（七）关于组织、强迫未成年人卖淫等犯罪的从重从严处罚

针对组织、强迫、引诱、容留、介绍未成年人少女卖淫等犯罪，《意见》第26条要求从重处罚。也就是说，只要被组织、强迫、引诱、容留、介绍的对象中包括未成年人的，都要从重处罚。强迫幼女卖淫的，则要按照刑法第三百五十八条的规定，对行为人以强迫卖淫罪，判处十年以上有期徒刑或者无期徒刑，并处罚金或者没收财产，情节特别严重的，判处无期徒刑，直至判处死刑，并处没收财产；引诱幼女卖淫的，根据刑法第三百五十九条第二款的规定，判处五年以上有期徒刑，并处罚金。负有特殊职责的人员、与未成年人有共同家庭生活关系的人员、国家工作人员实施组织、强迫、引诱、容留、介绍未成年人卖淫、嫖宿幼女等性侵害犯罪的，更要依法从严惩处，理由不再赘述。

（八）关于依法从严控制缓刑适用

强奸未成年人社会危害性大，为体现对此类犯罪的依法严惩，并有效预防犯罪，同时考虑对符合缓刑适用条件的未成年犯罪分子依法从宽，更好进行挽救、教育、改造，《意见》第28条要求，对此类案件的成年犯罪分子，一般不适用缓刑。鉴于不同性质的性侵害犯罪危害性大小存在差异，故《意见》只对强奸未成年人犯罪作了规定，但限制适用缓刑这一

精神对于组织、强迫未成年人卖淫、严重的猥亵儿童等性侵害犯罪，同样是适用的。

需要指出的是，对强奸未成年人的成年犯罪分子一般不适用缓刑，是总体要求，但并不绝对排除适用缓刑的可能。比如，对于自动中止强奸行为，地位、作用明显较小的从犯等具有法定从轻、减轻处罚情节，判处拘役、三年以下有期徒刑，同时符合刑法规定的“犯罪情节较轻、有悔罪表现、没有再犯罪危险，宣告缓刑对所居住的社区没有重大不良影响”等条件的，在总体上从严把握的前提下，也可以适用缓刑，以体现罪刑相适应。

对于认定是否符合缓刑适用条件，《意见》规定了社区矫正机构调查的前置程序，并规定宣告缓刑的同时视情对犯罪人宣告禁止令，体现了从严适用缓刑和对特定犯罪人群加强特殊预防的精神。

（九）关于未成年人实施性侵害未成年人案件的政策把握

鉴于当前部分性侵害未成年人违法犯罪呈现低龄化特点，《意见》第4条规定，对于未成年人实施性侵害未成年人犯罪的，应当坚持双向保护原则，在依法保护未成年被害人的合法权益时，也要依法保护未成年犯罪嫌疑人、未成年被告人的合法权益。另外，《意见》第27条规定，已满14周岁不满16周岁的人偶尔与幼女发生性关系，情节轻微、未造成严重后果的，不认为是犯罪。该条系对2006年《最高人民法院关于审理未成年人刑事案件具体应用法律若干问题的解释》相关规定的重申。主要考虑，《意见》强调依法从严惩处性侵害未成年人犯罪，但不能忽视对未成年被告人所具有的法定、酌定从宽情节的应有考量，尤其是对于已满14周岁不满16周岁的男少年，与年龄相当的幼女在正常交往、恋爱过程中自愿发生性关系，情节轻微、未造成严重后果的，不宜作为犯罪处理。此处表述虽是“偶尔”发生性关系，但主要是为了与此前司法解释的规定保持一致，实践中并不能简单以次数论，双方是否自愿、情节是否轻微、是否造成严重后果，是罪与非罪的关键，应严格把握。需要指出的是，对“情节轻微及后果严重性”的判断，应综合考虑行为人与幼女是否存在正常交往、恋爱关系，及对于幼女的身心影响等因素，予以认定；对于行为人采取利诱、欺骗等卑劣方式与幼女发生性关系的，一般不宜认定为“情节轻微”。

上述规定亦是对我国司法机关处理青少年之间自愿发生性关系问题一

贯所采取的刑事政策的继续坚持。比如，最高人民法院在《1955年以来奸淫幼女案件检查总结》中曾明确指出：至于个别幼女虽未满14周岁，但身心发育早熟，确系自愿与人发生性行为的，法院对被告人酌情从轻或减轻处理。如果男方年龄也很轻，双方确系在恋爱中自愿发生性行为的，则不追究刑事责任。此后多项司法解释或者司法政策文件亦延续了这一基本立场。

从域外立法来看，对未成年人实施性侵害犯罪，处理上也大多采取相对较为宽松的政策。比如，意大利刑法规定：除采取暴力、胁迫等强制手段外，未成年人同不满13周岁的未成年人发生性关系的，如果相互间的年龄差距不超过3年，不予处罚。美国一些司法管辖区将未成年被告人与未成年被害人的年龄差距大小，作为认定被告人构成不同严重等级性侵害犯罪的考量因素。这些对我们处理此类未成年人性侵害未成年人犯罪案件，把握是否属于“情节轻微”，具有参考价值。

（十）关于对未成年被害人的民事赔偿和司法救助

《意见》构建三重保护网络，确保未成年被害人得到必要的经济赔偿和救助：

一是明确了被告人应当承担的民事赔偿责任范围。《意见》第31条规定，对于未成年人因被性侵害而造成的人身损害，为进行康复治疗所支付的医疗费、护理费、交通费、误工费等合理费用，未成年被害人及其法定代理人、近亲属提出赔偿请求的，人民法院依法予以支持。其中，康复治疗费用包括进行身体医治和精神诊治所支出的费用。性侵害未成年人犯罪，对被害人最大的伤害往往是精神和心理上的伤害，被害人到医院进行精神康复治疗所支付的医疗费，不同于精神抚慰金，该部分医疗费用，被害人提出赔偿请求并提供相应证据的，比如医院病历、收费凭证等，人民法院依法予以支持。

二是明确了相关机构的赔偿责任。考虑到有些性侵害案件发生在校园或者幼儿辅导培训机构，为了保障被害人损失得到有效弥补，《意见》第32条规定，未成年人在幼儿园、学校或者其他教育机构学习、生活期间被性侵害而造成人身损害，被害人及其法定代理人、近亲属据此向人民法院起诉要求上述单位承担赔偿责任的，人民法院依法予以支持。其中，涉及两种情况：一是未成年人遭到上述单位工作人员性侵害，二是遭到上述单位以外的人员性侵害。侵权责任法根据上述不同情形，就相关单位是否尽到教育、管理职责规定了不同的举证责任及不同性质的赔偿责任，人民法院审理案件时，应注意准确区分和适用。此外，《意见》通过对上述单位民事赔偿责任的归责，也可在一定程度上督促相关单位对未成年人履行好教育、管理职责，预防、减少性侵害事件的发生。

三是明确了对未成年被害人优先予以司法救助。《意见》第 34 条要求对未成年被害人因性侵害犯罪而造成人身损害，不能及时获得有效赔偿，生活困难的，优先予以司法救助，进一步体现了对未成年被害人的特殊经济救助。

需要附带指出的是，根据《意见》的规定，未成年人受到监护人性侵害，其他具有监护资格的人员和单位向法院提出申请，要求撤销监护人资格，另行指定监护人的，法院应当在刑事案件审结后，根据民事诉讼法所规定的特别程序审理撤销、变更监护资格诉讼请求。

（十一）关于未成年被害人隐私权利保护和裁判文书网上公布

《意见》对于办理性侵害未成年人犯罪案件的隐私保护问题作了规定。对外公开的诉讼文书，不得披露未成年被害人的身份信息及可能推断出其身份信息的其他资料，对性侵害的事实注意以适当的方式叙述。其中，需要特别强调的是裁判文书的撰写。调研中发现，有些性侵害案件的裁判文书，在犯罪事实表述、证人证言、被害人陈述、被告人供述的援引、列举方面，不问是否确有必要，事无巨细，记载了大量性侵害的细节，有损裁判文书的严肃性，且公开后，给未成年被害人造成一定伤害，影响被害人及其家庭的正常生活，产生了不良社会影响，应当切实引起注意，并加以改进。

为震慑性侵害犯罪分子，并确保公众对身边潜在的具有性侵害劣迹人员的知情权，加强犯罪特殊预防，当前世界主要国家和地区，比如美国、英国、日本、我国香港和台湾地区均通过法案或者单行法律法规，确立了对具有性侵前科的罪犯进行信息登记、公告、追踪识别等制度。

调研过程中，曾有意见提出创设类似性侵罪犯信息公告制度，但考虑《意见》系指导办案的规范性文件，而公告性侵害罪犯信息涉及对公民权利的限制及公告后对特殊人员的监督管理等一系列问题，故未作规定。但根据有关方面建议，《意见》规定在确保被害人隐私的前提下，人民法院可以在互联网公布已审结生效的强奸、猥亵未成年人犯罪案件的裁判文书。在适用时应当注意，必须确保被害人隐私不被泄露，公布裁判文书前，应当对被害人姓名、住址、就学、工作场所等信息及可能推断出其真实身份的其他信息进行相应技术处理；如果进行技术处理仍无法确保被害人隐私不被泄露，或者确有其他不宜公布的特殊情形的，就不应当公布裁判文书。对于未成年人实施性侵害的案件的裁判文书，从最大限度教育、挽救未成年犯罪人的角度考虑，依法不予公布。

（十二）关于未成年被害人诉讼参与权利的保障

《意见》强化了司法机关对案件处理进展的告知义务及人民法院、人民检察院帮助未成年被害人申请法律援助的义务。

根据《最高人民法院关于适用〈中华人民共和国刑事诉讼法〉的解释》（以下简称《刑事诉讼法解释》）第一百八十六条的规定，“不公开审理的案件，任何人不得旁听，但法律另有规定的除外。”性侵害未成年人犯罪案件，因涉及被害人隐私，属于不公开审理的范围，实践中，对于未成年被害人及其法定代理人未提起附带民事诉讼，其近亲属或者法定代理人是否可以参加法庭审理，认识不同。刑事诉讼法第一百八十二条第三款规定，人民法院应当通知开庭的对象包括人民检察院，当事人，辩护人、诉讼代理人、证人、鉴定人和翻译人员。法定代理人既不属于当事人，也非诉讼代理人，故对法定代理人出庭问题，认识不一。但刑事诉讼法第四百六十六条规定：“人民法院审理未成年人刑事案件，在讯问和开庭时，应当通知未成年被告人的法定代理人到场……询问未成年被害人、证人，适用前款的规定。”另，《刑事诉讼法解释》在公诉案件一审程序进一步明确、细化了通知被害人的法定代理人出庭及参与法庭调查等问题。故《意见》规定，法定代理人可以在被害人不愿或者因其他原因不能出庭时，代表被害人出庭陈述意见，从而保障未成年被害人的意愿在审判中得到充分的尊重和表达。人民法院在办理此类案件时，应当切实保护未成年被害人及其法定代理人参与诉讼尤其是参加法庭审理的权利。

另外，需要附带指出和强调的是，虽然刑事诉讼法第一百九十六条未规定判决书的送达范围包括法定代理人，但《刑事诉讼法解释》第二百四十七条规定，判决书应当送达法定代理人。人民法院在审理性侵害未成年人犯罪案件时，对此应予重视。

链接：

全国人民代表大会常务委员会

关于修改《中华人民共和国未成年人保护法》的决定

（2012 年 10 月 26 日中华人民共和国第十一届全国人民代表大会常务委员会第二十九次会议于通过　2012 年 10 月 26 日中华人民共和国主席令第六十五号公布　自 2013 年 1 月 1 日起施行）

第十一届全国人民代表大会常务委员会第二十九次会议决定对《中华人民共和国未成年人保护法》作如下修改：

将第五十六条第一款修改为："讯问、审判未成年犯罪嫌疑人、被告人，询问未成年证人、被害人，应当依照刑事诉讼法的规定通知其法定代理人或者其他人员到场。"

本决定自 2013 年 1 月 1 日起施行。

《中华人民共和国未成年人保护法》根据本决定作相应修改，重新公布。

中华人民共和国未成年人保护法

（2012 年修正本）

（1991 年 9 月 4 日第七届全国人民代表大会常务委员会第二十一次会议通过　1991 年 9 月 4 日中华人民共和国主席令第 50 号公布　2006 年 12 月 29 日第十届全国人民代表大会常务委员会第二十五次会议第一次修订通过　2006 年 12 月 29 日中华人民共和国主席令第 60 号公布　根据 2012 年 10 月 26 日第十一届全国人民代表大会常务委员会第二十九次会议通过　2012 年 10 月 26 日中华人民共和国主席令第 65 号公布　自 2013 年 1 月 1 日起施行的《全国人民代表大会常务委员会关于修改〈中华人民共和国未成年人保护法〉的决定》第二次修正）

目　录

第一章　总　则

第一条　为了保护未成年人的身心健康，保障未成年人的合法权益，促进未成年人在品德、智力、体质等方面全面发展，培养有理想、有道德、有文化、有纪律的社会主义建设者和接班人，根据宪法，制定本法。

第二条 本法所称未成年人是指未满十八周岁的公民。

第三条 未成年人享有生存权、发展权、受保护权、参与权等权利，国家根据未成年人身心发展特点给予特殊、优先保护，保障未成年人的合法权益不受侵犯。

未成年人享有受教育权，国家、社会、学校和家庭尊重和保障未成年人的受教育权。

未成年人不分性别、民族、种族、家庭财产状况、宗教信仰等，依法平等地享有权利。

第四条 国家、社会、学校和家庭对未成年人进行理想教育、道德教育、文化教育、纪律和法制教育，进行爱国主义、集体主义和社会主义的教育，提倡爱祖国、爱人民、爱劳动、爱科学、爱社会主义的公德，反对资本主义的、封建主义的和其他的腐朽思想的侵蚀。

第五条 保护未成年人的工作，应当遵循下列原则：

（一）尊重未成年人的人格尊严；

（二）适应未成年人身心发展的规律和特点；

（三）教育与保护相结合。

第六条 保护未成年人，是国家机关、武装力量、政党、社会团体、企业事业组织、城乡基层群众性自治组织、未成年人的监护人和其他成年公民的共同责任。

对侵犯未成年人合法权益的行为，任何组织和个人都有权予以劝阻、制止或者向有关部门提出检举或者控告。

国家、社会、学校和家庭应当教育和帮助未成年人维护自己的合法权益，增强自我保护的意识和能力，增强社会责任感。

第七条 中央和地方各级国家机关应当在各自的职责范围内做好未成年人保护工作。

国务院和地方各级人民政府领导有关部门做好未成年人保护工作；将未成年人保护工作纳入国民经济和社会发展规划以及年度计划，相关经费纳入本级政府预算。

国务院和省、自治区、直辖市人民政府采取组织措施，协调有关部门做好未成年人保护工作。具体机构由国务院和省、自治区、直辖市人民政府规定。

第八条 共产主义青年团、妇女联合会、工会、青年联合会、学生联合会、少年先锋队以及其他有关社会团体，协助各级人民政府做好未成年人保护工作，维护未成年人的合法权益。

第九条 各级人民政府和有关部门对保护未成年人有显著成绩的组织和个人，给予表彰和奖励。

第二章 家庭保护

第十条 父母或者其他监护人应当创造良好、和睦的家庭环境，依法履行对未成年人的监护职责和抚养义务。

禁止对未成年人实施家庭暴力，禁止虐待、遗弃未成年人，禁止溺婴和其他残害婴儿的行为，不得歧视女性未成年人或者有残疾的未成年人。

第十一条 父母或者其他监护人应当关注未成年人的生理、心理状况和行为习惯，以健康的思想、良好的品行和适当的方法教育和影响未成年人，引导未成年人进行有益身心健康的活动，预防和制止未成年人吸烟、酗酒、流浪、沉迷网络以及赌博、吸毒、卖淫等行为。

第十二条 父母或者其他监护人应当学习家庭教育知识，正确履行监护职责，抚养教育未成年人。

有关国家机关和社会组织应当为未成年人的父母或者其他监护人提供家庭教育指导。

第十三条 父母或者其他监护人应当尊重未成年人受教育的权利，必须使适龄未成年人依法入学接受并完成义务教育，不得使接受义务教育的未成年人辍学。

第十四条 父母或者其他监护人应当根据未成年人的年龄和智力发展状况，在作出与未成年人权益有关的决定时告知其本人，并听取他们的意见。

第十五条 父母或者其他监护人不得允许或者迫使未成年人结婚，不得为未成年人订立婚约。

第十六条 父母因外出务工或者其他原因不能履行对未成年人监护职责

的，应当委托有监护能力的其他成年人代为监护。

第三章　学校保护

第十七条　学校应当全面贯彻国家的教育方针，实施素质教育，提高教育质量，注重培养未成年学生独立思考能力、创新能力和实践能力，促进未成年学生全面发展。

第十八条　学校应当尊重未成年学生受教育的权利，关心、爱护学生，对品行有缺点、学习有困难的学生，应当耐心教育、帮助，不得歧视，不得违反法律和国家规定开除未成年学生。

第十九条　学校应当根据未成年学生身心发展的特点，对他们进行社会生活指导、心理健康辅导和青春期教育。

第二十条　学校应当与未成年学生的父母或者其他监护人互相配合，保证未成年学生的睡眠、娱乐和体育锻炼时间，不得加重其学习负担。

第二十一条　学校、幼儿园、托儿所的教职员工应当尊重未成年人的人格尊严，不得对未成年人实施体罚、变相体罚或者其他侮辱人格尊严的行为。

第二十二条　学校、幼儿园、托儿所应当建立安全制度，加强对未成年人的安全教育，采取措施保障未成年人的人身安全。

学校、幼儿园、托儿所不得在危及未成年人人身安全、健康的校舍和其他设施、场所中进行教育教学活动。

学校、幼儿园安排未成年人参加集会、文化娱乐、社会实践等集体活动，应当有利于未成年人的健康成长，防止发生人身安全事故。

第二十三条　教育行政等部门和学校、幼儿园、托儿所应当根据需要，制定应对各种灾害、传染性疾病、食物中毒、意外伤害等突发事件的预案，配备相应设施并进行必要的演练，增强未成年人的自我保护意识和能力。

第二十四条　学校对未成年学生在校内或者本校组织的校外活动中发生人身伤害事故的，应当及时救护，妥善处理，并及时向有关主管部门报告。

第二十五条　对于在学校接受教育的有严重不良行为的未成年学生，学校和父母或者其他监护人应当互相配合加以管教；无力管教或者管教无效的，可以按照有关规定将其送专门学校继续接受教育。

依法设置专门学校的地方人民政府应当保障专门学校的办学条件，教育行政部门应当加强对专门学校的管理和指导，有关部门应当给予协助和配合。

专门学校应当对在校就读的未成年学生进行思想教育、文化教育、纪律和法制教育、劳动技术教育和职业教育。

专门学校的教职员工应当关心、爱护、尊重学生，不得歧视、厌弃。

第二十六条 幼儿园应当做好保育、教育工作，促进幼儿在体质、智力、品德等方面和谐发展。

第四章 社会保护

第二十七条 全社会应当树立尊重、保护、教育未成年人的良好风尚，关心、爱护未成年人。

国家鼓励社会团体、企业事业组织以及其他组织和个人，开展多种形式的有利于未成年人健康成长的社会活动。

第二十八条 各级人民政府应当保障未成年人受教育的权利，并采取措施保障家庭经济困难的、残疾的和流动人口中的未成年人等接受义务教育。

第二十九条 各级人民政府应当建立和改善适合未成年人文化生活需要的活动场所和设施，鼓励社会力量兴办适合未成年人的活动场所，并加强管理。

第三十条 爱国主义教育基地、图书馆、青少年宫、儿童活动中心应当对未成年人免费开放；博物馆、纪念馆、科技馆、展览馆、美术馆、文化馆以及影剧院、体育场馆、动物园、公园等场所，应当按照有关规定对未成年人免费或者优惠开放。

第三十一条 县级以上人民政府及其教育行政部门应当采取措施，鼓励和支持中小学校在节假日期间将文化体育设施对未成年人免费或者优惠开放。

社区中的公益性互联网上网服务设施，应当对未成年人免费或者优惠开放，为未成年人提供安全、健康的上网服务。

第三十二条 国家鼓励新闻、出版、信息产业、广播、电影、电视、文艺等单位和作家、艺术家、科学家以及其他公民，创作或者提供有利于未成年人健康成长的作品。出版、制作和传播专门以未成年人为对象的内容健康的图书、报刊、音像制品、电子出版物以及网络信息等，国家给予扶持。

国家鼓励科研机构和科技团体对未成年人开展科学知识普及活动。

第三十三条 国家采取措施，预防未成年人沉迷网络。

国家鼓励研究开发有利于未成年人健康成长的网络产品，推广用于阻止未成年人沉迷网络的新技术。

第三十四条 禁止任何组织、个人制作或者向未成年人出售、出租或者以其他方式传播淫秽、暴力、凶杀、恐怖、赌博等毒害未成年人的图书、报刊、音像制品、电子出版物以及网络信息等。

第三十五条 生产、销售用于未成年人的食品、药品、玩具、用具和游乐设施等，应当符合国家标准或者行业标准，不得有害于未成年人的安全和健康；需要标明注意事项的，应当在显著位置标明。

第三十六条 中小学校园周边不得设置营业性歌舞娱乐场所、互联网上网服务营业场所等不适宜未成年人活动的场所。

营业性歌舞娱乐场所、互联网上网服务营业场所等不适宜未成年人活动的场所，不得允许未成年人进入，经营者应当在显著位置设置未成年人禁入标志；对难以判明是否已成年的，应当要求其出示身份证件。

第三十七条 禁止向未成年人出售烟酒，经营者应当在显著位置设置不向未成年人出售烟酒的标志；对难以判明是否已成年的，应当要求其出示身份证件。

任何人不得在中小学校、幼儿园、托儿所的教室、寝室、活动室和其他未成年人集中活动的场所吸烟、饮酒。

第三十八条 任何组织或者个人不得招用未满十六周岁的未成年人，国家另有规定的除外。

任何组织或者个人按照国家有关规定招用已满十六周岁未满十八周岁的未成年人的，应当执行国家在工种、劳动时间、劳动强度和保护措施等方面的规定，不得安排其从事过重、有毒、有害等危害未成年人身心健康的劳动或者危险作业。

第三十九条 任何组织或者个人不得披露未成年人的个人隐私。

对未成年人的信件、日记、电子邮件，任何组织或者个人不得隐匿、毁弃；除因追查犯罪的需要，由公安机关或者人民检察院依法进行检查，或者对无行为能力的未成年人的信件、日记、电子邮件由其父母或者其他监护人代为开拆、查阅外，任何组织或者个人不得开拆、查阅。

第四十条 学校、幼儿园、托儿所和公共场所发生突发事件时，应当优先救护未成年人。

第四十一条 禁止拐卖、绑架、虐待未成年人，禁止对未成年人实施性侵害。

禁止胁迫、诱骗、利用未成年人乞讨或者组织未成年人进行有害其身心健康的表演等活动。

第四十二条 公安机关应当采取有力措施，依法维护校园周边的治安和交通秩序，预防和制止侵害未成年人合法权益的违法犯罪行为。

任何组织或者个人不得扰乱教学秩序，不得侵占、破坏学校、幼儿园、托儿所的场地、房屋和设施。

第四十三条 县级以上人民政府及其民政部门应当根据需要设立救助场所，对流浪乞讨等生活无着未成年人实施救助，承担临时监护责任；公安部门或者其他有关部门应当护送流浪乞讨或者离家出走的未成年人到救助场所，由救助场所予以救助和妥善照顾，并及时通知其父母或者其他监护人领回。

对孤儿、无法查明其父母或者其他监护人的以及其他生活无着的未成年人，由民政部门设立的儿童福利机构收留抚养。

未成年人救助机构、儿童福利机构及其工作人员应当依法履行职责，不得虐待、歧视未成年人；不得在办理收留抚养工作中牟取利益。

第四十四条 卫生部门和学校应当对未成年人进行卫生保健和营养指导，提供必要的卫生保健条件，做好疾病预防工作。

卫生部门应当做好对儿童的预防接种工作，国家免疫规划项目的预防接种实行免费；积极防治儿童常见病、多发病，加强对传染病防治工作的监督管理，加强对幼儿园、托儿所卫生保健的业务指导和监督检查。

第四十五条 地方各级人民政府应当积极发展托幼事业，办好托儿所、幼儿园，支持社会组织和个人依法兴办哺乳室、托儿所、幼儿园。

各级人民政府和有关部门应当采取多种形式，培养和训练幼儿园、托儿所的保教人员，提高其职业道德素质和业务能力。

第四十六条 国家依法保护未成年人的智力成果和荣誉权不受侵犯。

第四十七条 未成年人已经完成规定年限的义务教育不再升学的，政府有关部门和社会团体、企业事业组织应当根据实际情况，对他们进行职业教育，为他们创造劳动就业条件。

第四十八条 居民委员会、村民委员会应当协助有关部门教育和挽救违法犯罪的未成年人，预防和制止侵害未成年人合法权益的违法犯罪行为。

第四十九条 未成年人的合法权益受到侵害的，被侵害人及其监护人或者其他组织和个人有权向有关部门投诉，有关部门应当依法及时处理。

第五章 司法保护

第五十条 公安机关、人民检察院、人民法院以及司法行政部门，应当依法履行职责，在司法活动中保护未成年人的合法权益。

第五十一条 未成年人的合法权益受到侵害，依法向人民法院提起诉讼的，人民法院应当依法及时审理，并适应未成年人生理、心理特点和健康成长的需要，保障未成年人的合法权益。

在司法活动中对需要法律援助或者司法救助的未成年人，法律援助机构或者人民法院应当给予帮助，依法为其提供法律援助或者司法救助。

第五十二条 人民法院审理继承案件，应当依法保护未成年人的继承权和受遗赠权。

人民法院审理离婚案件，涉及未成年子女抚养问题的，应当听取有表达意愿能力的未成年子女的意见，根据保障子女权益的原则和双方具体情况依法处理。

第五十三条 父母或者其他监护人不履行监护职责或者侵害被监护的未成年人的合法权益，经教育不改的，人民法院可以根据有关人员或者有关单位的申请，撤销其监护人的资格，依法另行指定监护人。被撤销监护资格的父母应当依法继续负担抚养费用。

第五十四条 对违法犯罪的未成年人，实行教育、感化、挽救的方针，坚持教育为主、惩罚为辅的原则。

对违法犯罪的未成年人，应当依法从轻、减轻或者免除处罚。

第五十五条 公安机关、人民检察院、人民法院办理未成年人犯罪案件和涉及未成年人权益保护案件，应当照顾未成年人身心发展特点，尊重他们的人格尊严，保障他们的合法权益，并根据需要设立专门机构或者指定专人办理。

第五十六条 讯问、审判未成年犯罪嫌疑人、被告人，询问未成年证人、被害人，应当依照刑事诉讼法的规定通知其法定代理人或者其他人员到场。

公安机关、人民检察院、人民法院办理未成年人遭受性侵害的刑事案件，应当保护被害人的名誉。

第五十七条 对羁押、服刑的未成年人，应当与成年人分别关押。

羁押、服刑的未成年人没有完成义务教育的，应当对其进行义务教育。

解除羁押、服刑期满的未成年人的复学、升学、就业不受歧视。

第五十八条 对未成年人犯罪案件，新闻报道、影视节目、公开出版物、网络等不得披露该未成年人的姓名、住所、照片、图像以及可能推断出该未成年人的资料。

第五十九条 对未成年人严重不良行为的矫治与犯罪行为的预防，依照预防未成年人犯罪法的规定执行。

第六章 法律责任

第六十条 违反本法规定，侵害未成年人的合法权益，其他法律、法规已规定行政处罚的，从其规定；造成人身财产损失或者其他损害的，依法承担民事责任；构成犯罪的，依法追究刑事责任。

第六十一条 国家机关及其工作人员不依法履行保护未成年人合法权益的责任，或者侵害未成年人合法权益，或者对提出申诉、控告、检举的人进行打击报复的，由其所在单位或者上级机关责令改正，对直接负责的主管人员和其他直接责任人员依法给予行政处分。

第六十二条 父母或者其他监护人不依法履行监护职责，或者侵害未成年人合法权益的，由其所在单位或者居民委员会、村民委员会予以劝诫、制止；构成违反治安管理行为的，由公安机关依法给予行政处罚。

第六十三条 学校、幼儿园、托儿所侵害未成年人合法权益的，由教育行政部门或者其他有关部门责令改正；情节严重的，对直接负责的主管人员和其他直接责任人员依法给予处分。

学校、幼儿园、托儿所教职员工对未成年人实施体罚、变相体罚或者其他侮辱人格行为的，由其所在单位或者上级机关责令改正；情节严重的，依法给予处分。

第六十四条 制作或者向未成年人出售、出租或者以其他方式传播淫秽、暴力、凶杀、恐怖、赌博等图书、报刊、音像制品、电子出版物以及网络信息等的，由主管部门责令改正，依法给予行政处罚。

第六十五条 生产、销售用于未成年人的食品、药品、玩具、用具和游乐设施不符合国家标准或者行业标准，或者没有在显著位置标明注意事项的，由主管部门责令改正，依法给予行政处罚。

第六十六条 在中小学校园周边设置营业性歌舞娱乐场所、互联网上网服务营业场所等不适宜未成年人活动的场所的，由主管部门予以关闭，依法给予行政处罚。

营业性歌舞娱乐场所、互联网上网服务营业场所等不适宜未成年人活动的场所允许未成年人进入，或者没有在显著位置设置未成年人禁入标志的，由主管部门责令改正，依法给予行政处罚。

第六十七条 向未成年人出售烟酒，或者没有在显著位置设置不向未成年人出售烟酒标志的，由主管部门责令改正，依法给予行政处罚。

第六十八条 非法招用未满十六周岁的未成年人，或者招用已满十六周岁的未成年人从事过重、有毒、有害等危害未成年人身心健康的劳动或者危险作业的，由劳动保障部门责令改正，处以罚款；情节严重的，由工商行政管理部门吊销营业执照。

第六十九条 侵犯未成年人隐私，构成违反治安管理行为的，由公安机关依法给予行政处罚。

第七十条 未成年人救助机构、儿童福利机构及其工作人员不依法履行对未成年人的救助保护职责，或者虐待、歧视未成年人，或者在办理收留抚养工作中牟取利益的，由主管部门责令改正，依法给予行政处分。

第七十一条 胁迫、诱骗、利用未成年人乞讨或者组织未成年人进行有害其身心健康的表演等活动的，由公安机关依法给予行政处罚。

第七章 附 则

第七十二条 本法自2007年6月1日起施行。

教育部 公安部 共青团中央 全国妇联
关于做好预防少年儿童遭受性侵工作的意见

2013 年 9 月 3 日　　　　教基一〔2013〕8 号

各省、自治区、直辖市教育厅（教委）、公安厅（局）、团委、妇联，新疆生产建设兵团教育局、公安局、团委、妇联：

近年来，在党中央、国务院的正确领导下，在各级党委政府及教育、公安、共青团、妇联等有关部门的共同努力下，少年儿童保护工作取得积极进展，少年儿童安全事故数量和非正常死亡人数逐年下降。但是，少年儿童保护工作也出现了一些新情况、新问题，亟待加以研究解决，如寄宿制学校增多导致学校日常安全管理难度加大，留守儿童由于缺乏父母监管容易出现安全问题，社会不良风气影响少年儿童身心发展，特别是今年以来媒体集中曝光的个别地方出现的少年儿童被性侵犯案件，引发社会各界高度关注。为切实预防性侵犯少年儿童案件的发生，进一步加强少年儿童保护工作，确保教育系统和谐稳定，现提出以下意见。

一、科学做好预防性侵犯教育。各地教育部门、共青团、妇联组织要通过课堂教学、讲座、班队会、主题活动、编发手册等多种形式开展性知识教育、预防性侵犯教育，提高师生、家长对性侵犯犯罪的认识。广泛宣传“家长保护儿童须知”及“儿童保护须知”，教育学生特别是女学生提高自我保护意识和能力，了解预防性侵犯的知识，知晓什么是性侵犯，遭遇性侵犯后如何寻求他人帮助。教育学生特别是女学生提高警觉，外出时尽量结伴而行，离家时一定要告诉父母返回时间、和谁在一起、联系方式等，牢记父母电话及报警电话。要运用各类媒体普及有关知识，有条件的地方可设立学生保护热线和网站。

二、定期开展隐患摸底排查。各地教育部门要定期组织力量对中小学校进行拉网式排查，全面检查学校日常安全管理制度是否存在漏洞，重点检查教职工、学生是否有异常情况，特别是要关注班级内学生尤其是女学生有无学习成绩突然下滑、精神恍惚、无故旷课等异常表现及产生的原因。要加强对边远地区、山区学校、教学点的排查，切实做到县不漏校，校不漏人。对排查中发现的安全隐患要及时整改，发现的性侵犯事件线索和苗头要认真核实，涉及违法犯罪的要及时报警并报告上级部门。

三、全面落实日常管理制度。各地教育部门要坚持“谁主管、谁负责，谁开办、谁负责”的原则，落实中小学校长作为校园内部安全管理和学生保护第一责任人的责任。要指导学校建立低年级学生上下学接送交接制度，不得将晚离校学生交与无关人员。健全学生请假、销假制度，严禁学生私自离校。加强人防、物防和技防建设，完善重点时段和关键部位的安全监管。严格落实值班、巡查制度，加强校园周边治安综合治理。严格实行外来人员、车辆登记制度和内部人员、车辆出入证制度。

四、从严管理女生宿舍。各地教育部门和寄宿制学校要对所有女生宿舍实行“封闭式”管理，尚未实现“封闭式”管理的要抓紧时间改善宿舍条件。女生宿舍原则上应聘用女性管理人员。未经宿管人员许可，所有男性，包括老师和家长，一律不得进入女生宿舍。宿舍管理人员发现有可疑人员在女生宿舍周围游荡，要立即向学校报告并采取相应防范措施。学生临时有事离校回家必须向学校请假并电话告知家长，经宿舍管理人员同意并登记后方可离校。做好学生夜间点名工作，发现有无故夜不归宿者要及时报告。

五、切实加强教职员工管理。各地教育部门要把好入口关，落实对校长、教师和职工从业资格有关规定，加强对临时聘用人员的准入资质审查，坚决清理和杜绝不合格人员进入学校工作岗位，严禁聘用受到剥夺政治权利或者故意犯罪受到刑事处罚人员、有精神病史人员担任教职员工。要将师德教育、法制教育纳入教职员工培训内容及考核范围，加强考核和评价，落实管理职责。要加强对教职员工的品行考核，对品行不良、侮辱学生、影响恶劣的，由县级以上教育行政部门撤销其教师资格。要关注教职员工队伍心理状况及工作状况，加强心理辅导，防止个别教职员工出现极端心理问题，及时预防个别教职员工出现的不良行为。

六、密切保持家校联系。各地教育部门、妇联组织要通过开展家访、召开家长会、举办家长学校等方式，提醒家长尽量多安排时间和孩子相处交流，切实履行对孩子的监护责任，特别要做好学生离校后的监管看护教育工作。要让家长了解必要的性知识和预防性侵犯知识，并通过适当方式向孩子进行讲解。学校要同家庭随时保持联系，特别要关注留守儿童家庭，及时掌握孩子情况，特别是发现孩子有异常表现时，家校双方要及时沟通，深入了解孩子表现情况，共同分析异常原因，及时采取应对措施。学校家长委员会、家长学校要与社区家长学校密切联系，构筑学校、家庭、社区有效衔接的保护网络。

七、妥善处置中小学生性侵犯事件。各地教育部门要建立中小学生性侵犯案件及时报告制度，一旦发现学生在学校内遭受性侵犯，学校或家长要立即报警并彼此告知，同时学校要及时向上级教育主管部门报告，报告时相关人员有义务保护未成年人合法权益，严格保护学生隐私，防止泄露有关学生个人及其家庭的信息，避免再次伤害。教育部门和学校要与共青团、妇联、家庭和医院等积极配合，向被性侵犯的学生及其家人提供帮助，及时开展相应的心理辅导和家庭支持，帮助他们尽快走出心理阴影。被性侵犯的学生有转学需求的，教育部门和学校应予以安排。对性侵学生者，各地要依法严惩，决不姑息。

八、努力营造良好社会环境和舆论氛围。各地教育部门、公安机关要分析学校及周边安全形势，掌握治安乱点和突出问题，大力整治学校及周边安全隐患。各地公安机关要重点排查民办学校、城乡结合部学校、寄宿制学校内部及周边的安全隐患，严厉打击对少年儿童性侵犯的违法犯罪活动。要加强校园周边巡逻防控，防止发生社会人员性侵犯在校女学生案件。各地教育部门要协调有关部门进一步加强对学生保护工作的正面宣传引导，防止媒体过度渲染报道性侵犯学生案件，营造全社会共同关心、关爱学生健康成长的良好氛围。

九、积极构建长效机制。各地教育部门要将预防性侵犯教育作为安全教育的重要内容，在开学后、放假前等重点时段集中开展，纳入对新上岗教职工和新入学学生的培训教育中。共青团组织要将预防性侵犯教育作为青少年自护教育活动的重要方面，依托各地12355青少年服务台，开设自护教育热线，组织专业社工、公益律师、志愿者开展有针对性的自护教育、心理辅导和法律咨询。妇联组织要将预防性侵犯教育纳入女童尤其是农村留守流动女童家庭教育指导服务重点内容，维护女童合法权益。要加强协同配合，努力构建教育、公安、共青团、妇联、家庭、社会六位一体的保护中小学生工作机制，做到安全监管全覆盖。

最高人民法院
关于适用刑法第六十四条有关问题的批复

2013年10月21日　　　　法〔2013〕229号

河南省高级人民法院：

你院关于刑法第六十四条法律适用问题的请示收悉。经研究，批复如下：

根据刑法第六十四条和《最高人民法院关于适用〈中华人民共和国刑事诉讼法〉的解释》第一百三十八条、第一百三十九条的规定，被告人非法占有、处置被害人财产的，应当依法予以追缴或者责令退赔。据此，追缴或者责令退赔的具体内容，应当在判决主文中写明；其中，判决前已经发还被害人的财产，应当注明。被害人提起附带民事诉讼，或者另行提起民事诉讼请求返还被非法占有、处置的财产的，人民法院不予受理。

此复。

解读——《最高人民法院关于适用刑法第六十四条有关问题的批复》

黄应生[*]

2013年4月1日，河南省高级人民法院就刑法第六十四条适用中的有关问题请示最高人民法院。经认真研究，并征求了有关部门的意见，最高人民法院于2013年10月21日作出《关于适用刑法第六十四条有关问题的批复》（法〔2013〕229号，以下简称《批复》）。现将《批复》所涉问题的由来、相关考虑及经过解读如下。

一、问题由来

河南高院在审判实践中，多次遇到有关刑法第六十四条"犯罪分子违法所得的一切财物，应当予以追缴或者责令退赔"如何适用的问题。具体存在的问题：一是侵财类犯罪，是否应依照刑法第六十四条的规定，在判决主文中判决"继续追缴违法所得的财物"；二是如果判决追缴违法所得的财物，判决生效后，被害人能否向人民法院申请执行；如移交公安机关执行，有无法律依据；三是如追缴不能，被害人能否向有管辖权的法院另行提起民事诉讼。鉴于此问题具有普遍性，故请示最高人民法院。

二、主要争议问题

对上述问题，审判实践中有不同意见：第一种意见认为，刑事判决书的判决主文中不应该出现追缴违法所得的内容，因为追缴违法所得不属于刑罚的种类。且判决追缴后，法律规定对追缴的主体、措施、程序均不明确，判决结果无法实际落实。当事人应向法院另行提起民事诉讼。第二种意见认为，刑事判决书的判决主文中可以根据刑法第六十四条的规定写明追缴违法所得的内容，但对于如何执行，又有三种不同意见：（1）追缴

* 作者单位：最高人民法院研究室。

是公安机关的职责，应由公安机关进行追缴，法院没有追缴权，无法实际执行；（2）应由法院执行部门执行，如不能执行或者执行不足弥补损失，由执行机关作出相关裁定后，当事人可以向有管辖权的法院另行提起民事诉讼；（3）“继续追缴”由人民法院执行机构执行没有法律依据，因司法解释只是规定“财产刑和附带民事裁判由第一审人民法院负责裁判执行的机构执行”。

三、批复意见及其理由

最高人民法院拟出批复稿，征求了全国人大法工委、公安部、司法部、国家安全部等中央政法机关，以及部分高级人民法院意见，根据反馈意见对批复稿作了修改，并制发了批复。

最高人民法院批复认为：“根据刑法第六十四条和《最高人民法院关于适用〈中华人民共和国刑事诉讼法〉的解释》第一百三十八条、第一百三十九条的规定，被告人非法占有、处置被害人财产的，应当依法予以追缴或者责令退赔。据此，追缴或者责令退赔的具体内容，应当在判决主文中写明；其中，判决前已经发还被害人的财产，应当注明。被害人提起附带民事诉讼，或者另行提起民事诉讼请求返还被非法占有、处置的财产的，人民法院不予受理。”理解和适用《批复》规定，主要应把握如下两点：

（一）被告人非法占有、处置被害人财产的，应当依法予以追缴或者责令退赔。追缴或者责令退赔的具体内容，应当在判决主文中写明；其中，判决前已经发还被害人的财产，应当注明。

鉴于法律、司法解释已将被告人非法占有、处置被害人财产的情形排除在附带民事诉讼的受案范围之外，如不在判决主文中写明追缴或者责令退赔的有关内容，则无法有效维护被害人的合法权益。尤其当被害人在判决生效后发现了被告人藏匿的财产，如无明确、具体的判决依据，公安、司法机关就可能推诿，从而影响及时追缴。因此，追缴或者责令退赔的具体内容，应当在判决主文中写明。在判决主文中如何具体写明，可以根据不同情况处理：

1. 财产已经被查封、扣押、冻结的，不论是否随案移送，只要查明属于应当返还被害人的，都应当在判决主文中写明。涉案财物较多，不宜在判决主文中详细列明的，可以附清单。

2. 没有查封、扣押、冻结财产，或者查封、扣押、冻结的财产不足以弥补被害人损失的。比如，诈骗100万元，扣押在案的财产只有20万元，就应当在判决将扣押的财产20万元发还被害人后，在判决主文中另写明责令被告人退赔被害人80万元。查封、扣押、冻结财产的价值在判决时难以确定的，判决主文可以这样表述：责令被告人退赔被害人100万元。扣押的财产×××发还被害人（以执行时的实际价值计入已退赔数额）。

3. 判决前已经发还被害人全部或者部分财产的，人民法院应当审查先行返还是否合理合法，尤其对于被告人、其他被害人或者第三人对先行返还提出异议的，应当在法庭上查证清楚，并在判决主文中予以明确。比如，诈骗100万元，扣押在案的财产20万元已经在判决前发还被害人，经审理认为先行返还合理合法的，判决主文可以这样表述：责令被告人退赔被害人100万元（其中20万元已发还）。

4. 赃款赃物虽然没有查封、扣押、冻结，但判决时赃款赃物尚在，且已经查明权属关系，依法应当追缴返还被害人的，判决主文中可以使用“追缴”一词。比如，盗窃一件文物，已经查清该物的具体流向和下落，且持有人不属于善意取得，依法应当追缴的，判决主文可以这样表述：向×××追缴×××（注明文物名称、特征等）发还被害人。

对于追缴和责令退赔的区别，最高人民法院1999年10月27日《全国法院维护农村稳定刑事审判工作座谈会纪要》中规定：“如赃款赃物尚在的，应一律追缴；已被用掉、毁坏或挥霍的，应责令退赔。”但在实践中，刑事审判部门往往因难以查清赃物持有人，或者难以查清是否属于善意取得，一般笼统判决继续追缴赃物发还被害人；而执行部门反映，如果没有具体写明向谁追缴，就无法执行，等于空判。因此，如果部分赃款赃物尚在部分赃款赃物已经不在的，判决主文可以不作区分，只写责令退赔；如果赃物虽然尚在但已被毁坏，或者不能排除第三方属于善意取得的，可以判决责令退赔。

（二）被害人提起附带民事诉讼或者另行提起民事诉讼请求返还被非法占有、处置的财产的，人民法院不予受理。

刑法第六十四条规定：“犯罪分子违法所得的一切财物，应当予以追缴或者责令退赔。”《最高人民法院关于适用〈中华人民共和国刑事诉讼法〉的解释》第一百三十九条进一步明确：“被告人非法占有、处置被害人财产的，应当依法予以追缴或者责令退赔。被害人提起附带民事诉讼的，人民法院不予受理。追缴、退赔的情况，可以作为量刑情节考虑。”表明追缴或者责令退赔由公安、司法机关在刑事诉讼中一并予以解决，本批复也明确在刑事判决主文中应当写明追缴或者责令退赔的具体内容，故被害人无须通过附带民事诉讼主张并维护其权利，若提起附带民事诉讼的，人民法院不予受理。同时，在被告人非法占有、处置被害人财产的案件中，被害人提起附带民事诉讼主张利息、折旧等损失的，人民法院也不予受理。这是审判实践中的一贯认识和做法。

但是，对于经过追缴或者退赔仍不能弥补损失，被害人向人民法院民事审判庭另行提起民事诉讼的，人民法院是否受理？对此问题，分歧意见较大。一般而言，经过追缴或者退赔仍不能弥补损失的，主要有两种情况：

1. 经过追缴或者退赔，赃物（原物）没有全部追缴，赃款（本金）没有全部退赔，或者兼而有之，被害人的损失仍未得到弥补。此种情形，一般表明赃物已无法追缴，被告人也无退赔能力，类似于无法执行的情况。但是，由于已经在刑事判决中判决继续追缴或者责令退赔，任何时候，只要发现被告人有财产，司法机关均可依法追缴或者强制执行。被害人另行提起民事诉讼的，人民法院不予受理，否则就会造成刑事判决和民事判决的重复、冲突。即使以前的刑事判决中没有继续追缴或者责令退赔的内容，也宜继续通过刑事诉讼途径予以弥补和解决。比如，发现被告人隐匿的赃款赃物的，可以请求司法机关予以追缴或者责令退赔，不宜也无须另行通过民事诉讼程序解决。

2. 原物已经全部追缴，本金已经全部退赔，但被害人的损失仍未得到弥补。比如，虽然原物已经追缴，但原物已损坏、贬值；虽然本金已经退赔，但还有利息损失等等。此时，理论上，被害人的损失仍是直接的物质损失。最高人民法院2000年12月颁布、目前仍有效的《关于刑事附带民事诉讼范围问题的规定》规定：“经过追缴或者退赔仍不能弥补损失，被害人向人民法院民事审判庭另行提起民事诉讼的，人民法院可以受理。”该规定应是针对这种情形。但是，2013年1月实施的刑事诉讼法解释并未沿用上述规定，《批复》也只是明确：被害人另行提起民事诉讼请求返还被非法占有、处置的财产的，人民法院不予受理。因此，追缴原物或者退赔本金后仍不能弥补损失，被害人向人民法院民事审判庭另行提起民事诉讼的，人民法院是否受理，仍有分歧意见。

四、其他问题

河南高院的请示中，还涉及“如果判决追缴违法所得的财物，判决生效后，被害人能否向人民法院申请执行；如移交公安机关执行，有无法律依据”的问题。

批复征求意见稿曾规定：“追缴被告人违法所得的判决生效后，被害人申请人民法院执行的，人民法院应当受理，在执行过程中可以协调相关部门予以配合。查明被告人确实没有财产可供执行的，可以裁定终结本次执行程序。裁定终结本次执行程序后，发现被告人有可供执行的财产的，应当恢复执行。”主要考虑：根据刑法第六十四条的规定，追缴或者责令退赔是公安、司法机关的共同职责，并不因为法院判决追缴，就变成法院的义务。但是，为有效维护被害人合法权益，避免有关部门相互推诿，故特别强调，被害人申请人民法院执行的，人民法院应当受理。被害人申请人民法院执行，法院如果移交公安机关，既无法律依据，也不合适。但是，考虑到追缴的本质是追赃，与前期的刑事侦查工作相关，故人民法院在执行过程中可以协调公安机关等相关部门予以配合。

在征求意见过程中，由于意见分歧大，且最高人民法院正在研究制订财产刑执行方面的规范性文件，经协调，拟将刑事追缴、退赔的执行问题与财产刑执行问题，统筹考虑，一并规范。因此，《批复》未涉及刑事追缴、退赔的执行内容。

最高人民法院
关于推进司法公开三大平台建设的若干意见

（2013年11月21日）

为贯彻党的十八届三中全会精神，进一步深化司法公开，依托现代信息技术，打造阳光司法工程，全面推进审判流程公开、裁判文书公开、执行信息公开三大平台建设，增进公众对司法的了解、信赖和监督，现结合人民法院工作实际，提出如下意见。

一、推进司法公开三大平台建设的意义、目标和要求

1. 充分认识推进司法公开三大平台建设的重大意义。建设司法公开三大平台，是人民法院适应信息化时代新要求，满足人民群众对司法公开新期待的重要战略举措。人民法院应当以促进社会公平正义、增加人民福祉为出发点和落脚点，全面推进司法公开三大平台建设。

2. 努力实现推进司法公开三大平台建设的基本目标。人民法院应当通过建设与公众相互沟通、彼此互动的信息化平台，全面实现审判流程、裁判文书、执行信息的公开透明，使司法公开三大平台成为展示现代法治文明的重要窗口、保障当事人诉讼权利的重要手段、履行人民法院社会责任的重要途径。通过全面推进司法公开三大平台建设，切实让人民群众在每一个司法案件中都感受到公平正义。

3. 准确把握推进司法公开三大平台建设的总体要求。人民法院应当提高认识，转变观念，严格按照以下要求推进司法公开三大平台建设：

（1）统一规划，有序推进。人民法院应当在最高人民法院的统一指导下，在各高级人民法院的统筹规划下，立足实际，循序渐进，有计划、分批次地推进司法公开三大平台建设。司法公开示范法院和信息化建设有一定基础的法院，应当率先完成建设任务。

（2）科技助推，便捷高效。人民法院应当依托现代信息技术，不断创新公开方式，拓宽公开渠道，通过建立网上办案系统与司法公开平台的安全输送、有效对接机制，实现各类信息一次录入、多种用途、资源共享，既方便公众和当事人查询，又避免重复劳动，最大限度地减少审判人员的工作负担。

（3）立足服务，逐步拓展。人民法院应当充分发挥司法公开三大平台在资讯提供、意见搜集和信息反馈方面的作用，逐步开发其在远程预约立案、公告、送达、庭审、听证、查控方面的辅助功能，提升互动服务效能。公众通过平台提出的意见和建议，应当成为人民法院审判管理、审判监督、纪检监察和改进工作的重要依据。

二、推进审判流程公开平台建设

4. 人民法院应当加强诉讼服务中心（立案大厅）的科技化与规范化建设，利用政务网站、12368 电话语音系统、手机短信平台、电子公告屏和触摸屏等现代信息技术，为公众提供全方位、多元化、高效率的审判流程公开服务。

5. 人民法院应当通过审判流程公开平台，向公众公开以下信息：（1）法院地址、交通图示、联系方式、管辖范围、下辖法院、内设部门及其职能、投诉渠道等机构信息；（2）审判委员会组成人员、审判人员的姓名、职务、法官等级等人员信息；（3）审判流程、裁判文书和执行信息的公开范围和查询方法等司法公开指南信息；（4）立案条件、申请再审、申诉条件及要求、诉讼流程、诉讼文书样式、诉讼费用标准、缓减免交诉讼费用的程序和条件、诉讼风险提示、可供选择的非诉讼纠纷解决方式等诉讼指南信息；（5）审判业务文件、指导性案例、参考性案例等审判指导文件信息；（6）开庭公告、听证公告等庭审信息；（7）人民陪审员名册、特邀调解组织和特邀调解员名册、评估、拍卖及其他社会中介人选机构名册等名册信息。

6. 人民法院应当整合各类审判流程信息，方便当事人自案件受理之日起，凭密码从审判流程公开平台获取以下信息：（1）案件名称、案号、案由、立案日期等立案信息；（2）合议庭组成人员的姓名、承办法官与书记员的姓名、办公电话；（3）送达、管辖权处理、财产保全和先予执行情况；（4）庭审时间、审理期限、审限变更、诉讼程序变更等审判流程节点信息。

7. 人民法院应当积极推进诉讼档案电子化工程，完善转化流程、传送机制和备份方式，充分发挥电子卷宗在提高效率、节约成本、便民利民方面的功能。

8. 人民法院应当积极创新庭审公开的方式，以视频、音频、图文、微博等方式适时公开庭审过程。人民法院的开庭公告、听证公告，至迟应当于开庭、听证三日前在审判流程公开平台公布。

9. 人民法院应当加强科技法庭建设，对庭审活动全程进行同步录音录像，做到“每庭必录”，并以数据形式集中存储、定期备份、长期保存。当事人申请查阅庭审音像记录的，人民法院可以提供查阅场所。

三、推进裁判文书公开平台建设

10. 最高人民法院建立中国裁判文书网，作为全国法院统一的裁判文书公开平台。地方各级人民法院应当在政务网站的醒目位置设置中国裁判文书网的网址链接，并严格按照《最高人民法院关于人民法院在互联网公布裁判文书的规定》，在裁判文书生效后七日内将其传送至中国裁判文书网公布。人民法院可以通过政务微博，以提供链接或长微博等形式，发布社会关注度高、具有法制教育、示范和指导意义的案件的裁判文书。

11. 在互联网公布裁判文书应当以公开为原则，不公开为例外，不得在法律和司法解释规定之外对这项工作设置任何障碍。各级人民法院对其上传至中国裁判文书网的裁判文书的质量负责。

12. 人民法院应当严格把握保障公众知情权与维护公民隐私权和个人信息安全之间的关系，结合案件类别，对不宜公开的个人信息进行技术处理。对于因网络传输故障或技术处理失误导致当事人信息被不当公开的，人民法院应当依照程序及时修改或者更换。

13. 中国裁判文书网应当提供便捷有效的查询检索系统，方便公众按照关键词对在该网公布的裁判文书进行检索，确保裁判文书的有效获取。

14. 最高人民法院率先推动本院裁判文书在互联网公布，并监督指导地方各级人民法院在互联网公布裁判文书的工作。各高级人民法院监督指导辖区内法院在互联网公布裁判文书的工作。各级人民法院应当指定专门机构，负责在互联网公布裁判文书的组织、管理、指导和监督工作，并完善工作流程，明确工作职责。

四、推进执行信息公开平台建设

15. 人民法院应当规范执行信息的收集、交换和使用行为，在确保信息安全的前提下，实现上下级法院之间、异地法院之间、同一法院的立案、审判与执行部门之间的执行信息共享。

16. 人民法院应当整合各类执行信息，方便当事人凭密码从执行信息公开平台获取以下信息：（1）执行立案信息；（2）执行人员信息；（3）执行程序变更信息；（4）执行措施信息；（5）执行财产处置信息；（6）执行裁决信息；（7）执行结案信息；（8）执行款项分配信息；（9）暂缓执行、中止执行、终结执行信息等。

17. 人民法院应当通过执行信息公开平台，向公众公开以下信息：（1）执行案件的立案标准、启动程序、执行收费标准和根据、执行费缓减免的条件和程序；（2）执行风险提示；（3）悬赏公告、拍卖公告等。

18. 人民法院应当对重大执行案件的听证、实施过程进行同步录音录像，并允许当事人依申请查阅。有条件的人民法院应当为执行工作人员配备与执行指挥中心系统对接的信息系统，将执行现场的视频、音频通过无线网络实时传输回执行指挥中心，并及时存档，实现执行案件的全程公开。

19. 人民法院应当充分发挥执行信息公开平台对失信被执行人的信用惩戒功能，向公众公开以下信息，并方便公众根据被执行人的姓名或名称、身份证号或组织机构代码进行查询：（1）未结执行实施案件的被执行人信息；（2）失信被执行人名单信息；（3）限制出境被执行人名单信息；（4）限制招投标被执行人名单信息；（5）限制高消费被执行人名单信息等。

20. 人民法院应当为各类征信系统提供科学、准确、全面的信息，实现执行信息公开平台与各类征信平台的有效对接。

五、工作机制

21. 加强组织领导，强化工作保障。最高人民法院统一指导全国法院的司法公开三大平台建设工作，制定推进规划，开发配套软件，确定评估标准，定期督促检查。各高级人民法院具体统筹辖区内法院的司法公开三大平台建设工作，完善实施细则，协调解决问题，总结推广经验。各级人民法院主要领导要把司法公开三大平台建设作为“一把手”工程，列入重要议事日程，积极主动争取党委、人大和政府的支持。要切实采取有效措施，不断完善硬件设施和技术条件，为司法公开三大平台建设提供强有力的物质保障。

22. 做好统筹协调，完善配套机制。各级人民法院要明确管理机构，专门负责推进司法公开三大平台建设工作。要建立有效的协调机制，加强司法公开管理部门与业务部门的沟通配合，提升一线人员在司法公开工作上的责任心、积极性。要加强上级法院对下级法院深化司法公开工作的指导责任，及时总结经验、纠正偏差。

23. 加强督促检查，狠抓工作落实。对司法公开三大平台建设工作的检查评估，要采取督查、抽查和自查相结合的方式，注重三大平台运行的系统性、顺畅性和有效性，不能只追求排名和指标，更不能搞形式主义。要扎实做好司法公开三大平台的宣传工作，确保人民法院深化司法公开的举措为公众知悉，受公众检验，被公众认可。

解读——

《最高人民法院关于推进司法公开三大平台建设的若干意见》

最高人民法院司法改革领导小组办公室负责人

2013年11月21日，最高人民法院发布了《关于推进司法公开三大平台建设的若干意见》（以下简称《意见》），就人民法院如何全面推进审判流程公开、裁判文书公开和执行信息公开三大平台建设提出了具体要求。现就《意见》相关问题进行说明：

一、《意见》的起草背景

人民法院历来高度重视司法公开工作，始终把深化司法公开作为推进司法改革的重要内容。近年来，最高人民法院开通了中国裁判文书网，成立新闻局和信息中心，出台了一系列关于司法公开的意见和规定，在全国确定200个司法公开示范法院，充分显示了人民法院全面推进司法公开的信心和决心。地方各级人民法院在深化司法公开方面进行了积极有效的探索，积累了许多好的经验。

党的十八届三中全会从全面深化改革、建设法治中国的高度，对人民法院推进司法公开提出了更新更高的要求。随着信息技术的飞速发展和经济社会形势的不断变化，公众获取信息的渠道更多元、方式更便利、效率更快捷，对公共事务日益关切，对人民法院的司法公开工作也有了更多新要求新期待，如希望随时查询案件进程、在线预约诉讼服务、获取裁判文书、向法院反馈信息，等等。为贯彻十八届三中全会精神，适应信息化时代新要求，满足人民群众对司法公开的新期待，最高人民法院在广泛调研的基础上制定并公开发布这个《意见》，就全面推进司法公开三大平台建设提出明确目标和具体要求。

二、《意见》的主要内容和特点

《意见》包括五大部分，第一部分明确了推进司法公开三大平台的重大意义、基本目标和总体要求。第二、三、四部分依次对审判流程公开、裁判文书公开、执行信息公开三大平台建设提出了具体要求。第三部分对推进司法公开三大平台建设的工作机制提出明确要求，涉及组织领导、物质保障、统筹协调和督促协调等各个层面。

为了使《意见》更加符合时代需求和审判实际，最高人民法院在文件起草期间，召开了数十场调研会，广泛听取了地方各级人民法院和互联网专家、法律学者与律师群体的意见建议。《意见》的主要特点在于：一是具有时代特色。集中反映了人民群众对司法公开的最新需求，吸收了各地法院深化司法公开的新经验，体现了互联网时代信息技术发展的新特色。二是尊重司法规律。根据人民法院审判、执行工作的特点，科学界定了司法公开的范围、时限和方式，避免发生盲目公开或无序公开的现象。三是密切联系实际。结合各地法院硬件建设和经济发展的实际水平，提出了务实有序、逐步拓展的建设要求，强调要确保各类信息一次录入、多种用途、资源共享，不增加一线审判人员工作负担，禁止搞形式主义，避免让三大平台建设成为“政绩工程”或“面子工程”。

三、“平台”的含义及三大平台之间的关系

平台是指依托计算机硬件和软件搭建的信息传送系统，具备在线办事、查询检索、沟通交流、及时反馈等功能。传统的司法公开方式，主要是单向的信息发布，而通过建设司法公开信息化平台，公众和当事人可以与人民法院进行双向互动，交流、办事和查询将更加方便，获取信息的方式更为多元、便捷。

需要强调的是，司法公开三大平台并不是三个各自为阵、互不相关的独立平台，而是一个有机联系的整体。它是以人民法院的政务网站为基础，通过互联网聚合联通的三大板块，功能上各有侧重，资源上互联互通，内容上互为补充。司法公开三大平台，既是人民群众在打官司过程中最关心的三个关键环节，又是制约和影响司法公正的三个关键节点。推进司法公开三大平台建设，着力发挥现代信息技术在服务、交流方面的核心作用，真正将纸面上的司法公开落到实处、发挥实效。

四、推进审判流程公开平台建设的主要内容

审判流程是人民法院在立案、庭审、听证、合议、宣判等诉讼过程中产生的各类静态和动态信息。建设审判流程公开平台，就是借助信息化手段，将人民法院上述信息依法向当事人和社会公开。具体要求包括：一是以政务网站为基础平台，通过手机短信、电话语音系统、电子触摸屏、微博、微信等技术手段，为公众和当事人提供全方位、多元化的司法服务。二是开发完善统一的审判流程查询系统，方便当事人查询案件进展情况，增加审判工作透明度，最大程度压缩信息寻租的空间。三是充分发挥审判流程公开平台在远程预约立案、公告、送达、庭审、听证方面的辅助功能。四是大力推进诉讼档案电子化工程，切实提升工作效率，减轻当事人讼累。五是积极创新庭审公开方式，以视频、音频、图文、微博等方式及时公开庭审过程。六是加强科技法庭建设，对庭审活动全程进行同步录音录像，逐步实现“每庭必录”，并方便当事人依法查阅。

五、推进裁判文书公开平台建设的主要内容

裁判文书是人民法院审判工作的

最终产品，是承载全部诉讼活动与法官推理的重要载体。最高人民法院已经在2013年7月1日开通了中国裁判文书网，并积极推动最高人民法院符合条件的裁判文书全部上网。我们所说的裁判文书公开平台，其实就特指以中国裁判文书网为基础形成的全国统一的操作系统。截至目前，中国裁判文书网与各高院裁判文书传送平台已经联通，从2014年1月1日起，全国各级人民法院的生效裁判文书将陆续在该网公布，最终实现四级法院依法能够公开的裁判文书全部上网。《意见》强调，在互联网公布裁判文书要以公开为原则，不公开为例外，各级人民法院对其在中国裁判文书网公布的裁判文书的质量负责。《意见》还配合《最高人民法院关于人民法院在互联网公布裁判文书的规定》，对如何保障公众知情权与维护公民隐私权和个人信息安全之间的关系、如何确保裁判文书能够被有效查询检索、如何完善裁判文书上网的工作机制，提出了具体而明确的要求。

六、推进执行信息公开平台建设的主要内容

执行信息是人民法院在执行过程中产生的各类信息，它可以全面及时地反映人民法院依法进行的执行活动。人民法院通过建立执行信息公开平台，可以及时公开执行信息，让公众和当事人及时了解人民法院为实现当事人的胜诉权益所采取的执行措施，争取人民群众对法院执行工作的理解，最大程度挤压利用执行权寻租的空间，充分发挥执行公开的防腐功能。具体要求包括：一是完善执行信息查询系统，开发执行信息短信发送平台，方便当事人随时查询、了解执行案件进展情况。二是对重大执行案件的听证、实施过程进行同步录音录像，并允许当事人依申请查阅。三是向公众公开失信被执行人名单信息、限制出境被执行人名单信息、限制高消费被执行人名单信息等，充分发挥执行信息公开平台对失信被执行人的信用惩戒功能。四是为各类征信系统提供科学、准确、全面的信息，积极推进执行信息公开平台与社会诚信体系对接，促进社会诚信建设。

七、《意见》发布后，最高人民法院的相关举措

《意见》正式发布后，最高人民法院将继续抓好以下几项工作：一是做好统筹规划，有序推进三大平台建设。抓紧制定人民法院推进司法公开三大平台建设的“路线图”和“时间表”，将其纳入明年发布的《人民法院第四个五年改革纲要（2014～2018）》，把推进司法公开确定为人民法院深化司法体制改革的突破口。二是做好督促检查，确保三大平台建设发挥实效。最高人民法院将尽快确定评估标准，加强监督指导，在评价工作效果时，更加注重三大平台运行的系统性、顺畅性和有效性，不追求排名和指标，更不搞形式主义。三是总结梳理经验，及时公布司法公开改革成效。根据全国法院深化司法公开的总体情况，最高人民法院将在总结司法公开三大平台建设经验的基础上，适时发布《人民法院司法公开工作白皮书》，如实反映人民法院推进司法公开三大平台、打造阳光司法工程的主要做法、重要成就以及存在的问题。

最高人民法院

关于人民法院在互联网公布裁判文书的规定

（2013年11月13日由最高人民法院审判委员会第1595次会议通过
2013年11月21日最高人民法院公告公布　自2014年1月1日起施行）

为贯彻落实审判公开原则，规范人民法院在互联网公布裁判文书工作，促进司法公正，提升司法公信力，根据《中华人民共和国刑事诉讼法》《中华人民共和国民事诉讼法》《中华人民共和国行政诉讼法》等相关规定，结合人民法院工作实际，制定本规定。

第一条　人民法院在互联网公布裁判文书，应当遵循依法、及时、规范、真实的原则。

第二条　最高人民法院在互联网设立中国裁判文书网，统一公布各级人民法院的生效裁判文书。

各级人民法院对其在中国裁判文书网公布的裁判文书质量负责。

第三条 各级人民法院应当指定专门机构负责互联网公布裁判文书的管理工作。该机构履行以下职责：

（一）组织、上传裁判文书；

（二）发现公布的裁判文书存在笔误或者技术处理不当等问题的，协调有关部门及时处理；

（三）其他相关的指导、监督和考评工作。

第四条 人民法院的生效裁判文书应当在互联网公布，但有下列情形之一的除外：

（一）涉及国家秘密、个人隐私的；

（二）涉及未成年人违法犯罪的；

（三）以调解方式结案的；

（四）其他不宜在互联网公布的。

第五条 人民法院应当在受理案件通知书、应诉通知书中告知当事人在互联网公布裁判文书的范围，并通过政务网站、电子触摸屏、诉讼指南等多种方式，向公众告知人民法院在互联网公布裁判文书的相关规定。

第六条 人民法院在互联网公布裁判文书时，应当保留当事人的姓名或者名称等真实信息，但必须采取符号替代方式对下列当事人及诉讼参与人的姓名进行匿名处理：

（一）婚姻家庭、继承纠纷案件中的当事人及其法定代理人；

（二）刑事案件中被害人及其法定代理人、证人、鉴定人；

（三）被判处三年有期徒刑以下刑罚以及免予刑事处罚，且不属于累犯或者惯犯的被告人。

第七条 人民法院在互联网公布裁判文书时，应当删除下列信息：

（一）自然人的家庭住址、通讯方式、身份证号码、银行账号、健康状况等个人信息；

（二）未成年人的相关信息；

（三）法人以及其他组织的银行账号；

（四）商业秘密；

（五）其他不宜公开的内容。

第八条 承办法官或者人民法院指定的专门人员应当在裁判文书生效后七

日内按照本规定第六条、第七条的要求完成技术处理，并提交本院负责互联网公布裁判文书的专门机构在中国裁判文书网公布。

第九条 独任法官或者合议庭认为裁判文书具有本规定第四条第四项不宜在互联网公布情形的，应当提出书面意见及理由，由部门负责人审查后报主管副院长审定。

第十条 在互联网公布的裁判文书，除依照本规定的要求进行技术处理的以外，应当与送达当事人的裁判文书一致。

人民法院对送达当事人的裁判文书进行补正的，应当及时在互联网公布补正裁定。

第十一条 人民法院在互联网公布的裁判文书，除因网络传输故障导致与送达当事人的裁判文书不一致的以外，不得修改或者更换；确因法定理由或者其他特殊原因需要撤回的，应当由高级人民法院以上负责互联网公布裁判文书的专门机构审查决定，并在中国裁判文书网办理撤回及登记备案手续。

第十二条 中国裁判文书网应当提供操作便捷的检索、查阅系统，方便公众检索、查阅裁判文书。

第十三条 最高人民法院负责监督和指导地方各级人民法院在互联网公布裁判文书的工作。

高级人民法院负责组织、指导、监督和检查辖区内各级人民法院在互联网公布裁判文书的工作。

第十四条 各高级人民法院在实施本规定的过程中，可以结合工作实际制定实施细则。中西部地区基层人民法院在互联网公布裁判文书的时间进度由高级人民法院决定，并报最高人民法院备案。

第十五条 本规定自2014年1月1日起实施。最高人民法院2010年11月8日制定的《关于人民法院在互联网公布裁判文书的规定》（法发〔2010〕48号）同时废止。最高人民法院以前发布的司法解释和规范性文件与本规定不一致的，以本规定为准。

解读——
《最高人民法院关于人民法院在互联网公布裁判文书的规定》

最高人民法院司法改革领导小组办公室负责人

为贯彻落实审判公开原则，规范人民法院在互联网公布裁判文书工作，促进司法公正，提升司法公信力，最高人民法院根据《刑事诉讼法》《民事诉讼法》《行政诉讼法》等相关规定，结合人民法院工作实际，经审判委员会第1595次会议讨论，通过了《关于人民法院在互联网公布裁判文书的规定》（以下简称《规定》）。该《规定》已于2013年11月27日公布。现就《规定》相关问题进行说明：

一、《规定》出台的背景和意义

2010年11月21日，最高人民法院发布了《关于人民法院在互联网公布裁判文书的规定》（以下简称2010年《规定》）。全国各级法院在互联网公布裁判文书的工作开始走上制度化轨道，并取得了积极的进展和成效，但在实践中也存在一些问题：一是工作进展不平衡；二是工作机制不完善；三是与人民群众的新期待不相适应。为进一步深化和推进司法公开，最高人民法院决定着力建设包括审判流程公开、裁判文书公开、执行信息公开在内的三大司法公开平台，并决定出台具体的司法解释，进一步推进和规范在互联网公布裁判文书的工作。为适应新形势下人民群众的新期待和司法工作自身发展的新要求，最高人民法院专门成立了起草小组，在认真调研各级法院工作实践的同时，广泛听取专家学者、律师以及其他社会各界的意见和建议，深入研究域外的制度和实践，反复修改十余次，经审判委员会讨论通过后，最终出台了该《规定》。

近日，党的十八届三中全会作出的《中共中央关于全面深化改革若干重大问题的决定》，把“增强法律文书说理性，推动公开法院生效裁判文书”确定为健全司法权力运行机制改革的重要内容。《规定》的出台，是最高人民法院贯彻落实十八届三中全会精神的重大举措，是在履行重大的政治责任和任务，意义重大。《规定》的实施必将进一步规范人民法院在互联网公布裁判文书工作，促进裁判文书上网功能和价值的全面实现。

二、《规定》与2010年《规定》相比较的发展变化

与2010年《规定》相比，具体内容有以下发展变化：一是将符合条件的裁判文书的上网要求由“可以”改为“应当”，扩大了各级人民法院在互联网公布裁判文书的范围；二是不再赋予当事人对裁判文书上网的选择权，更加体现了裁判文书的公权力性质；三是改“上网审批”为“不上网”审批，突出了“上网为原则”的要求，简化了上网审批流程；四是强调当事人实名公开，满足了公众获取真实信息的需要；五是规定上网文书原则上不得修改、更换和撤回，保证了上网文书的真实性与严肃性；六是规定中国裁判文书网作为各级人民法院文书上网的统一平台，建立了便捷的检索系统，方便了公众查询。需要强调的是，《规定》是司法解释，具有强制执行的效力，目的是全面规范人民法院在互联网公布裁判文书的工作，实现文书上网的综合价值和功能。因此，《规定》实施后，2010年《规定》同时废止。

三、《规定》在实现公众对司法的知情权、参与权和监督权方面的具体规定

裁判文书是承载全部审判活动，体现审判结果的“司法产品”。人民法院将裁判文书在网上公开，有助于满足公众对司法的知情权、参与权和监督权。为此，《规定》首先要求人民法院通过政务网站、电子触摸屏、诉讼指南等多种方式，向公众告知人民法院在互联网公布裁判文书的相关规定，以此接受公众对人民法院在互联网公布裁判文书工作的全面监督。其次对人民法院在互联网公布裁判文书的工作作出全面而又具体的规定，着力满足公众对司法的新需求，包括：第一，全面公开，避免选择性公开。除法定情形外，人民法院生效的裁判文书均应当在互联网公布。第二，真实公开，杜绝失真性公开。强调当事人实名公开，上网公布的裁判文书要与送达当事人的文书内容一致，非因法定理由或者其他特殊原因不得撤回等。第三，及时公开，防止拖延性公开。要求裁判文书生效后七日内在互联网公布。第四，建立统一平台，全面实现裁判文书上网的综合功能。最高人民法院在互联网设立专门的中国裁判文书网，统一公布各级人民法院的裁判文书。第五，细化信息处理的范围和方式，最大限度地保护当事人依法享有的隐私权和其他个人信息安全。完善的技术处理不仅加大了对当事人及其他诉讼参与人合法权益的保护力度，而且能够在公众知情权与公民隐私权以及个人信息安全之间实现价值的平衡。第六，要求中国裁判文书网提供操作便捷的检索、查阅系统，方便公众检索、查阅裁判文书，最大程度地实现司法公开便民、利民和取信于民的内在价值。

四、《规定》在确保人民法院在互联网公布的裁判文书的真实性方面采取的措施

在互联网公布裁判文书是案件审判结果的公开，其重要目的体现在以下方面：满足公众对司法的知情，接受公众对司法的监督；通过裁判文书公开的倒逼机制，不断提升法官的能力和水平，加快法官职业化进程，促进司法公正；通过上网公布真实的裁判文书，推动全社会的诚信体系建设，切实履行司法的社会责任。上述目的的实现，有赖于在互联网公布的裁判文书的真实性。为防止实践中出现“阴阳”文书或者“化妆”文书，《规定》要求，人民法院在互联网公布裁判文书，除应当遵循依法、及时、规范原则外，还应当遵循“真实”的原则。具体包括：一是强调当事人实名公开。除一些特定案件外，上网公布的裁判文书应当保留当事人的真实姓名或者名称，以满足公众获取真实信息的需要。二是要求上网公布的裁判文书要与送达当事人的文书内容一致。除依照本规定的要求进行技术处理的内容以外，上网公布的裁判文书应当与送达当事人的一致。三是明确规定上网公布的裁判文书的修改、更换以及撤回的条件及程序。非因网络传输故障原因不得修改或者更换，没有法定理由或者其他特殊原因不得撤回。

五、中国裁判文书网的性质和功能

中国裁判文书网是最高人民法院在互联网设立的一个网站平台，其承载的主要功能是通过统一公布各级人民法院的生效裁判文书，全面实现裁判文书上网的综合价值与功能。具体包括两个方面：一是统一公布各级人民法院的生效裁判文书，解决目前裁判文书上网工作处于多个平台、资源分散、公众无法获取全面信息的困难，同时便于最高人民法院掌握各级人民法院裁判文书上网工作的总体情况，及时有效地开展监督指导工作；二是提供操作便捷的检索、查阅系统，方便公众检索、查阅裁判文书，充分满足公众对司法的知情权、参与权和监督权。

依照“谁的文书谁上网，谁上网谁负责”的原则，中国裁判文书网统一公布生效裁判文书的具体方式是，各级人民法院根据网站授权，自行上传和公布裁判文书，并对其公布的裁判文书的质量负责。这种质量责任既包括在裁判实体方面的责任，即裁判的公正性、合法性和说理性；又包括文书形式方面的责任，即文字错误或者技术处理方面的差错等。当然，上述规定并不排斥上级人民法院对下级人民法院在互联网公布裁判文书工作的监督指导。

六、规定以调解方式结案的裁判文书不上网的原因

目前规定调解书一律不上网，主要是基于以下考虑：其一，调解书是对当事人之间私权处分结果的司法确认，其并不直接反映法官的心证裁判过程。从尊重当事人意思自治的角度考虑，调解书不宜在互联网公开。其二，在目前社会矛盾多发，纠纷处理难度大的情况下，规定“以调解方式结案”的裁判文书不上网公布，可以有效引导当事人通过诉讼调解的方式化解纠纷。其三，民事诉讼法规定：“公众可以查阅发生法律效力的判决书、裁定书，但涉及国家秘密、商业秘密和个人隐私的内容除外。”这也意味着调解书不对公众公开。其四，对于社会关注度高的调解案件，人民法院可以通过专门的新闻发布方式来满足公众的知情权和监督权；对于具有指导意义的调解书，人民法院可以通过发布指导性或者参考性案例的方式予以公布。

七、在如何实现公众的知情权、监督权与当事人及诉讼参与人个人隐私和其他个人信息保护之间寻求关系平衡

在互联网公布的裁判文书保留当事人的姓名或者名称等真实信息，既能更好地保障公众行使知情权和监督权，同时也有利于促进社会诚信体系的建立。实名公开也是许多国家和地区的做法。在我国台湾地区，裁判文书公开经历过从实名公开到匿名处理，再次回归到实名公开的过程。当然，实名公开自然人的姓名，可能会对其生活、学习、就业带来一定的影响。为平衡公众知情权与当事人及其他诉讼参与人隐私权和其他个人信息安全之间的利益关系，《规定》要求必须采取符号替代方式对下列当事人及诉讼参与人的姓名进行匿名处理：一是婚姻家庭、继承纠纷等家事案件中当事人及其法定代理人。实名公布家事案件当事人及其法定代理人的姓名不利于私权保护。二是刑事案件中被害人及其法定代理人、证人、鉴定人。公布被害人及其法定代理人的姓名，极易使其受到二次伤害；公布证人、鉴定人的姓名，不利于证人、鉴定人作证。三是轻刑被告人。轻刑被告人的主观恶性一般不大，许多属于偶犯或者过失犯罪。实名公布其姓名，不利于其重新回归社会，但是，累犯或者惯犯被告人的危险性相对较大，实名公布其姓名，则可以增强公众的防范意识。另外，基于对当事人特别是未成年人权利保护的需要，《规定》要求对裁判文书涉及当事人的个人隐私以及其他个人信息（即家庭住址、通讯方式、身份证号码、银行账号、健康状况等足以识别个人身份的信息）、未成年人的相关信息、法人以及其他组织的银行账号、商业秘密等信息，进行删除处理。同时还设置了兜底条款，规定“其他不宜公开的内容”也应当予以删除，以便于实践中充分保护相关个人的合法权益以及国家利益、社会公共利益等。

八、对中西部地区基层人民法院在互联网公布裁判文书工作的时间进度作出变通规定的原因

制定《规定》的目的是为了全面推进和最终实现全国四级法院全部在互联网公布生效裁判文书。根据《规定》要求，自 2014 年 1 月 1 日起，除最高人民法院、高级人民法院和中级人民法院应当上网公布裁判文书外，东部的北京、天津、辽宁、上海、江苏、浙江、福建、山东、广东、海南十个省市以及中西部地区的河南、广西两省区的基层人民法院也要率先实现生效裁判文书上网公布。考虑到中西部地区尚有部分基层法院近期实现裁判文书上网确实存在较大困难，《规定》特作出如下变通规定：中西部地区基层人民法院在互联网公布裁判文书的时间进度由高级人民法院决定，报最高人民法院备案。应当相信，随着信息化建设步伐的不断加快，中西部地区三级法院生效裁判文书实现全面上网的“时间表”和“路线图”也会尽快确定。

[司法实务问题研究]

刑事诉讼中被害人参与异化之研究

余德厚* 石 磊 袁 晶**

一、刑事诉讼中被害人参与异化问题的提出

被害人的概念有实体意义和程序意义之别。实体意义的被害人是相对于犯罪人（加害人）而言的，又称"刑事被害人""犯罪被害人"；而程序意义的被害人是相对于被追诉人而言的，可称为"刑事诉讼中的被害人"。① 因此，实体上的"犯罪被害人"只有参与刑事诉讼，行使相应的诉讼权利并承担义务时才能转化为"刑事诉讼中的被害人"。由此可知，"犯罪被害人"的范畴大于"刑事诉讼中的被害人"的范畴，只有当"犯罪被害人"参与到刑事诉讼过程中才能称之为"刑事诉讼中的被害人"。然而刑事诉讼尚有广义和狭义之分，广义的刑事诉讼是指国家为行使刑罚权的全部诉讼活动，就诉讼活动的主体而言，包括国家的公安机关、安全机关、人民检察院、人民法院以及当事人和其他诉讼参与人，就其诉讼活动和程序而言包括立案、侦查、起诉、审判、执行等。狭义的刑事诉讼是专指审判程序而言，即公诉人提起公诉或自诉人提起自诉后，人民法院与控辩双方的诉讼行为。本文即采狭义刑事诉讼概念，重点关注审判程序中刑事诉讼被害人的参与异化问题，并对该问题产生的成因予以深度剖析，进而提出解决之道。

---

* 作者单位：海南省高级人民法院。

** 作者单位：海南省洋浦经济开发区人民法院。

① 韩流：《被害人当事人地位的根据和限度》，北京大学出版社2010年版，第11~12页。

（一）现象：庭审之外的角力

“李昌奎杀人案”：云南省昭通市中级人民法院一审以强奸罪、杀人罪判决李昌奎死刑立即执行，并赔偿王家经济损失3万元。云南省高级人民法院二审认定李昌奎有自首情节、积极赔偿受害人家属部分损失，于是判处死刑缓期二年执行。二审判决后，被害人亲属到云南省检察院和省高院持续上访，还联合二百多名村民签名上访，要求改判被告人李昌奎死刑。云南省高级人民法院决定再审该案。

“药家鑫案”：西安音乐学院大三的学生药家鑫驾车撞人后又将伤者刺了八刀致其死亡。药家鑫案被害人代理人张显大量发布有关药家背景的言论：药家鑫是富二代、军二代，药家很有背景，引发网络及社会热议。西安市中级人民法院一审宣判，药家鑫犯故意杀人罪，被判处死刑，剥夺政治权利终身，并处赔偿被害人家属经济损失45498.5元。后陕西省高级人民法院对药家鑫案二审维持一审死刑判决。

两案均属引发媒体社会广泛关注的刑事案件，其所引发的余震至今未完全消退。笔者抛开实体判决结果，重点关注案件审判过程中被害人及其法定代理人、诉讼代理人或者近亲属采取的参与方式。所谓参与就是让人们有能力去影响和参加到那些影响他们生活的决策和行为。① 李昌奎案中被害人亲属采取信访乃至集体访的方式，而药家鑫案中被害人的代理人采取的是在网络等媒体上散布消息言论这种更潮的方式，这些都不是正常的刑事诉讼参与途径，但事实却是被害人不约而同地对法律规定的参与方式敬而远之，把更多的精力放在了庭审之外。

（二）概念：刑事诉讼中被害人参与异化

上述两案被害人参与刑事诉讼的方式脱离了法律规定的制度框架，出现“参与异化”。众所周知，被害人参与刑事诉讼必须遵循法律规定参与到刑事诉讼程序中，通过行使法律赋予的权利进而实现其诉讼目的。与之相对，如果被害人不通过正常的法律渠道而是通过其他方式对刑事诉讼活动施压影响刑事诉讼进程从而实现其目的，此即刑事诉讼中被害人参与异化。刑事诉讼中被害

① 蔡定剑主编：《公众参与——风险社会的制度建设》，法律出版社2009年版，第5页。

人参与异化有以下表象：

1. 通过信访对刑事诉讼活动施压。涉诉信访数量攀升、方式多样化、对抗性加剧给人民法院案件审理带来了巨大的压力。以往刑事案件信访多系被告方因不服法院裁判结果而致，近年来被害人及其法定代理人或者近亲属信访量大幅增加。诚如最高人民检察院尹伊君指出："在我们受理的案件中，被害人上访与申诉的占了相当大的比例。"①

2. 通过舆论对刑事诉讼活动施压。网络的普及应用，为公民搭建了更为便捷的信息交流传播平台，而网络信息极易传播并得到广泛的关注。于是，被害人不论诉讼结果如何往往将自己的主观判断发布在网上，出于"同情"及网络的扩大效应，这些信息会形成强大的"舆论漩涡"，置法院于漩涡底部。

3. 通过其他方式对刑事诉讼活动施压。中国经历了两千多年的封建社会，在封建社会形成的"人情关系""江湖义气""找青天""告御状"等不良思想影响下，被害人仍迷信于"找熟人""托关系"，或以大字报标语、横幅、演讲等形式在有关部门制造影响，或以对被告人采取"同态复仇"的方式相威胁制造事端等方式对刑事诉讼施压。

尽管刑事诉讼被害人参与异化方式各式各样，然而其本质都是要通过异化的参与方式对裁判结果形成实质的影响，以期实现其诉讼目的。

（三）趋势：参与异化的现实走向

刑事诉讼中被害人参与异化不仅体现在其表象上，还体现在其呈现的趋势特征方面。

1. 个案参与公共化。公共参与是个政治学概念，国内外学者对此各有论述，其核心是决策者与受决策影响的利益相关人双向沟通和协商。既包括立法层面的公众参与，还包括公共决策、公共治理层面的参与。② 例如信访即是公众参与的一种表现方式。在参与主体方面，被害人参与异化还表现出扩大化的特征，即参与主体由被害人扩展到更广泛的公众，如上述两案在网络上引发的公众热议。个案参与转向公共参与不独是司法领域的现象，根据美国学者艾伯

① 傅剑锋：《最高人民检察院力推刑事被害人补偿立法》，载 http://mall.cnki.net/magazine/Article/BJJW200703007.htm，2012 年 7 月 11 日访问。

② 蔡定剑主编：《公众参与——风险社会的制度建设》，法律出版社 2009 年版，第 5～6 页。

特·赫希曼研究，人们对私人利益寻求感到失望后会转向公共行动方式。① 换言之，当被害人对个案处理的不满或者对可能出现的处理结果的不安极容易导致其转向公共参与。

2. 法律问题政治化。刑事诉讼中被害人应是作为被告人的对立方而参与其中的，而当被害人参与异化后，被害人将裁判法院当成是相对方，打破了法院居中裁判的地位。被害人在诉讼参与过程中常掺杂个人情感，其并非简单的就案论案，腐败的存在与底层生活的艰难，使得任何一起偶发的个案，都会转化成对现行法律的声讨。司法实践中法官对此也是深有感触，本来法律关系简单的个案都可能成为敏感的地雷。“瓮安事件”的发生恰恰给法律问题政治化倾向作了注脚，一个本不复杂的普通刑事案件在各种各样的消息、意见、谣言、蜚语、诽谤的碰撞激荡里，在围观、群呼的氛围中转化成了突发性事件。

3. 利益诉求多元化。以往，被害人的利益诉求被公诉机关的公共利益所裹挟，被害人的利益缺乏独立性。然而随着社会利益结构的深刻调整以及社会主义法治建设的推进，受被害人权利运动影响，被害人利益诉求不再局限于惩罚罪犯，还包括以司法程序迫使罪犯接受矫正并赔偿其遭受的伤害和损失。司法实践中常出现被害人以缠访闹访要挟法院支持其巨额赔偿请求。

（四）问题：刑事诉讼中被害人参与异化对法治建设的冲击

鉴于刑事诉讼中被害人参与异化的本质以及三个主要趋势特征，会对法治建设造成多维度的冲击，不仅是个案层面，还有制度层面，甚至是文化层面。

1. 被害人参与异化易导致个案不公。被害人参与异化一方面会对法院审判程序顺利进行形成干扰、阻碍，一方面又对法官造成巨大的压力，本该平衡持中的天平在种种干扰压力之下极易发生倾斜。华裔美国历史学家黄宗智通过实证分析发现，中国的审判制度存在议论和讨价还价的空间，他称之为国家与社会之间的“第三领域”。② 这也为被害人的异化参与干扰影响裁判埋下伏笔。现实中法官法院在裁判时不可能不考虑被害人缠访闹访以及不利的舆论导向，审判独立的破坏加剧了个案不公的频发。

---

① ［美］艾伯特·赫希曼：《转变参与——私人利益与公共行动》，李增刚译，上海人民出版社2008年版，第59页。

② 季卫东：《舆论审判的陷阱》，载http://www.cnki.net，2012年7月16日访问。

2. 被害人参与异化可能诱发制度流变。法治异于人治的根本之处在于人治依赖于个人的能力和权威实现国家的繁荣有序，而法治则依赖于健全合理的制度保障这种繁荣有序的持久，制度能避免无常的个人意志干扰所带来的灾难。被害人参与异化绕开现行法律制度程序，更多从其他方面影响裁判进程及结果，一旦该异化参与获得成功会给公众一个信号：异化参与是较之正常法律参与更为有效的参与方式，在这种符号行为①示范效应的带动下现行制度将归于无效。例如现实中某些地方抱着息事宁人的态度用经济手段解决一些无理访案件，结果反而造成信访量不降反升。究其原因，法定的信访解决制度已被“不闹不解决，小闹小解决，大闹大解决”的潜规则所取代。

3. 被害人参与异化会侵蚀司法权威。司法权威是指司法在社会生活中所处的令人信从的地位和力量。② 其内涵主要包括两个方面：一是司法应当具有至上的地位。在一个法治国家，法院应享有解决一切法律争议的终局权力。其核心理念是法院对国家和社会的强制权的合法性进行审查，任何公民都有权得到公正和有效的司法救济。二是司法具有社会公信力。一方面，国家不仅受法律和权利的约束，而且受公正有效的司法保护的约束；另一方面，公众对司法裁判结果的普遍遵从是司法权威性的基本要义。司法权威并非外在的强制力，而是文化层面的价值取向认同，既判力是其重要表现。被害人参与异化导致的个案不公、制度流变都是对既判力的挑战，裁判结果朝令夕改，其威信何存？

① 符号行为是指行为人通过使用符号来表明他分享或者排斥这些信念。以刑事诉讼被害人参与为例，被害人借此所要传递的是相信通过法律程序能够实现其诉求；与之相对，如果被害人不参与刑事诉讼过程，其所要传递的则是不相信通过法律程序能够实现其诉求。在此中分离均衡中，法律的符号功能得以彰显。被害人参与异化中的被害人参与行为传递的并不意味着对现有法律制度的认同，可能恰是对现有法律制度的深刻不满。此种情况下，被害人参与的行为混合在一起，难以辨别。混同均衡下造成原有的信号失效进而导致符号变迁。

② 陈光中、肖沛权：《关于司法权威问题之探讨》，载《政法论坛》2011 年第 1 期，第 1 页。

二、被害人参与异化之成因

（一）现行法律的参与机制阻碍

被害人参与异化的产生很大程度上可归结于现行法律的价值定位、制度缺陷所造成的挤出效应。尽管新修改的刑事诉讼法已将“尊重和保障人权”作为其任务写入法条，但实践中司法人员仍把发现还原事实真相作为终极目标，在这种思维模式下，当司法人员为刑事诉讼活动预设一个客观目标并全力加以追求时，也就为诉讼主体的行为施加了潜在的限制，从而使刑事诉讼活动蜕变成了一种单纯追求案件事实真相的封闭性活动。这种封闭性的事实发现活动不但会使司法机关或司法人员垄断对事实的发现，而且会排斥多元价值的介入，制约其他诉讼主体积极能动性的发挥，当事人的诉讼权利遭到蔑视，主体地位更无从保障。①

1. 法定参与启动渠道不畅。根据刑事诉讼法规定被害人参与庭审的渠道主要有两种：被害人报案、控告以及被害人自诉。近10年来，我国每年的刑事犯罪案件都在200万起以上，而破案率仅为50%～60%。② 司法实践中立案权由侦查机关独自行使，侦查机关往往片面追求破案率，实行“先破后立”“不破不立”的潜规则，使被害人陷入“有冤无处申，有仇无法报”的困境。③至于自诉之途，更宛如虚无缥缈的空中楼阁。一方面，法院受理的自诉案件绝对数极小，其占法院受理的刑事案件的比例微乎其微④；另一方面，大部分自诉案件的处理结果都以法院不支持自诉人的诉请而告终。

2. 参与权限不足。在法庭审理过程中被害人也相应拥有了一些诉讼权利，如申请回避权、陈述权、向被告人发问权、确认或调取证据权、参加法庭辩论发表意见的权利等等。⑤ 而新修改的刑事诉讼法还规定了刑事和解程序，赋予

---

① 杨波：《法律事实建构论的主体之维——以刑事诉讼为对象分析》，载《政法论坛》2011年第1期，第127页。

② 陈彬、李昌林等：《刑事被害人救济制度研究》，法律出版社2009年版，第208页。

③ 陈瑞华：《程序性制裁理论》，中国法制出版社2005年版，第54页。

④ 根据某直辖市司法统计结果显示，2009年全年刑事案件收案数为9088件，其中自诉案件仅为203件，占2.2%；2010年全年刑事案件收案数为8986件，其中自诉案件仅为137件，占1.5%；2011年全年刑事案件收案数为9695件，其中自诉案件仅为169件，占1.7%。

⑤ 薛真勇：《从被害人同公诉人的关系谈被害人参与性权利的保护》，载http://www.cnki.net，2012年7月16日访问。

被害人一定程度上的求刑权，这无疑扩大了被害人的权利范围。然而即便如此，被害人的参与性权限仍显不足。参与权限作为程序基本权，应包括程序知悉权、听审请求权、程序选择权、获得及时裁判权、公正程序请求权。[①] 而现行制度下被害人程序知情权、听审请求权、程序选择权并不完善。而权利的大小多寡与其诉讼地位成正比，权利不足被害人诉讼地位自然也无从保障。

3. 参与缺乏有效性。所谓参与的有效性是指被害人通过参与刑事诉讼程序，充分行使其权利会对裁判结果产生实质性影响；反之如不能产生实质性的影响，那么这种参与就是低效甚至无效的。首先，刑事诉讼法未规定法院有通知被害人出庭的义务，也未规定如被害人不出庭所产生的程序性后果。被害人既缺乏听审请求权，又缺少程序性保障。其次，庭审过程中公诉机关几乎垄断诉权，被害人地位不明确，被害人有“证人化”趋势，而当下我国刑事诉讼证人出庭率极低，被害人彻底沦为了“证据炮灰”。最后，司法实践中除了附带民事诉讼案件外，被害人很少出庭，尤其是二审开庭率极低。[②]

（二）刑事被害人救济制度缺位

实践当中大约有80%以上的刑事案件被害人及其近亲属无法从刑事被告人那里得到赔偿，来自最高人民法院的调查显示，绝大多数暴力刑事犯并没有经济赔偿能力，他们实施故意伤害、故意杀人等恶性犯罪后，给受害人及其家属带来了巨大的伤痛。[③] 可见，被害人无法指望通过附带民事诉讼获得相应的赔偿。2009年3月，中央政法委员会、最高人民法院、最高人民检察院、公安部、司法部、财政部、民政部、人力资源和社会保障部联合印发《关于开展刑事被害人救助工作的若干意见》，刑事被害人救助工作在全国范围内全面推开。[④] 尽管意见印发后已有不少地方出台了具体实施的专门文件，也形成了一定的工作机制，然而仍存在如下问题：

1. 救济对象不明晰，有损公正性。一些地方试行的救济机制把涉诉信访

---

① 韩流：《被害人当事人地位的根据和限度》，北京大学出版社2010年版，第88~92页。

② 根据某直辖市中级人民法院司法统计结果显示，2009年刑事二审案件开庭率为18%，2010年为18.4%，2011年为14.57%。

③ 陈彬、李昌林等：《刑事被害人救济制度研究》，法律出版社2009年版，第50页。

④ 杨树明：《彰显人文关怀 化解社会矛盾——最高人民法院推动刑事被害人救助制度改革综述》，载《人民法院报》2012年6月11日第1版。

人作为主要的救济对象，如北京市第二中级人民法院直接将救助办法规定为《涉诉信访救助基金使用办法》，救济的主要目的就是息诉罢访。有的地方将救济对象限定为特困被害人，但“特困”缺乏清晰的界定。① 这也导致执行过程中救济往往向涉诉信访人的倾斜，客观上导致“爱哭的孩子有奶吃”的现象，救济机制亦存在“花钱买平安”的嫌疑，这显然偏离了救济机制的本意，有损公平性。

2. 救济程序相对滞后，效率不高。各地试行的司法救助普遍发生在审判环节，有其是执行阶段。此时，被害人已经过了漫长的刑事诉讼程序。另外，各地的救济普遍采取多元化的权力主体共同负责，机构之间的相互牵制降低了救助程序的效率。

3. 救济金额有限，效果不佳。各地试行的被害人救济机制系基于人道主义考量解决暂时性问题的机制，属司法救助性质，这就决定了救济金额偏低，与被害人遭受的实际侵害和损失相比存在较大差距，故其救济效果有限。

救济制度的缺陷使得被害人弥补自身损失的最后希望破灭，被害人不得不将全部的精力集中在刑事诉讼阶段，而刑事诉讼参与不足显然无法满足被害人的诉求，信访、媒体炒作等异化参与也就不可避免。原本救济制度可以弥补被害人参与不足可能造成的经济利益损失及心理失衡，然而由于信息不对称导致被害人不会指望救济制度这根救命稻草，宁可抱着对抗性情绪以自己方式实现其诉求。这也可以称之为被害人参与的“逆向选择”。

（三）司法权威不足

调查数据显示，政治渠道包括找政府、上访、找干部、找人大代表等是中国公民首选的政治参与方式，法律渠道如找法院、打官司、向律师咨询等或组织渠道如依靠非政府组织、社会团体等其他政治参与方式在各项调查中均未能排在前列。对此，调查中的一道题目可以说明问题，对于“您认为现在办事主要靠什么”，受访人中只有20%选择主要依靠法律。② 参与方式的选择表明了公民对各种参与方式的基本态度或基本评价，并在一定程度上折射出公民的心理即对当下中国社会司法权威缺乏信赖。之所以大量被害人及亲属通过异化

① 陈彬、李昌林等：《刑事被害人救济制度研究》，法律出版社2009年版，第209~210页。

② 房宁主编：《2011中国政治参与报告》，社会科学文献出版社2011年版，第230页。

参与刑事诉讼也与当下司法公信力水平不高直接相关。被害人参与异化与司法权威不高互为因果、相互制约，一方面，被害人参与异化对司法权威造成了贬损；另一方面，司法权威不高也是被害人参与异化的成因之一，加剧了被害人参与异化的发生。吉登斯指出，现代性作为一种后传统秩序，在此种秩序下，自我认同成了一种反思性的组织起来的活动。① 传统的权威消解，反思性成了社会常态，信任不再是对权威的依赖而成了普遍怀疑后的自我认同，被害人选择异化参与很大程度上正是源于对既有制度的普遍怀疑和自我认同的缺乏。

（四）社会文化因素制约

我国社会正处在转型期，即从农业的、乡村的、封闭半封闭的传统社会向工业的、城镇的、开放的现代社会的转型。这种转型包括了社会运行机制、社会结构以及社会价值观念三个层面的转型。转型社会成了我们所面临的基本背景和现实。首先，转型社会中社会运行机制发生巨大变化，远距事件更容易侵入到日常意识中，例如新闻中报道的发生在遥远地方的事件同等的进入日常生活，其所传递的熟悉性会导致“现实倒置”即媒体报道的事件甚至比日常生活碰到的真实事件更真实。② 这也解释了为何微博等网络媒体会对刑事诉讼产生巨大的影响。其次，社会结构的调整造成了城乡差距、贫富差距的扩大造成了社会分化，对被害人遭遇的同情极易引起公众的共鸣，而公众的这种“感同身受”的深刻焦虑也加剧了刑事诉讼的参与异化。最后，价值取向也处在转型过程中，传统文化、外来文化共存，各种价值观念交织交锋，反映到刑事诉讼中，被害人有的抱有“杀人偿命，欠债还钱”的传统观念，要求对被告人处以重刑；有的则从实际角度出发，注重被告的金钱赔偿。这些不同观念或多或少影响到刑事诉讼的制度构建。

三、从保护到参与：刑事诉讼中被害人参与机制的完善

贝卡利亚说过，刑罚的威慑力不在于刑罚的严酷性，而在于其不可避免性。同样，被害人不在于空泛的保护，而在于实际的参与。保护着眼于权利委托，往往意味着权利的代行且重视实体权利；参与则注重程序权利，强调主体

① ［英］安东尼·吉登斯：《现代性与自我认同》，赵旭东等译，三联书店1998年版，第31、58页。

② ［英］安东尼·吉登斯：《现代性与自我认同》，赵旭东等译，三联书店1998年版，第29页。

的主动性。参与是权利有效行使的前提，没有有效的参与所有的保护都只是“空头支票”。面对着刑事诉讼被害人参与异化给法治建设带来的个案、制度、文化价值层面的巨大冲击，如何完善被害人参与机制尤为重要。

（一）理念：恢复性司法的回归

1. 从“罪犯的公正”到“所有人的正义”。西方法谚有云：刑事司法就是对罪犯的公正。犯罪嫌疑人和被告人处于天然的弱势地位易受国家权力侵犯，故而刑事司法公正应首先保障犯罪嫌疑人和被告人的基本权利。然而随着被害人权利运动的兴起，社会逐渐意识到刑事司法不仅要保障“被告人的公正”，还要保障所有人的正义。2004 年美国国会通过了《犯罪被害人权利法》（CVRA），规定联邦犯罪被害人享有尊严、隐私和安全被公正和尊重对待的权利；被害人享有充分而及时的赔偿权等。① 此外，在国际层面来看，1985 年通过的《联合国犯罪被害人及权力滥用被害人司法基本原则宣言》赋予了被害人获得正义权、尊重权、知情权、与个人利益有关问题的发言权以及复原权、补偿权和帮助权。同样，欧盟也发布了与被害人权利相关的各种宣言。② 被害人的痛苦遭遇及由此引发的社会公众对被害人的同情也使社会重新审视刑事司法的关注点，包括对被害人在内的社会大众正义的保护成为共识。

2. 从“报应性司法”到“恢复性司法”。美国学者艾伯特·埃格拉斯把刑事司法分为三类：“报应性司法”主要强调对既往犯罪行为的惩罚；“分配性司法”强调对犯罪人的改造；“恢复性司法”力求被害人与犯罪人积极参与旨在让被害人得到修复、犯罪人得到改造的程序。③ 报应性司法一度成为司法的不二选择，体现“以牙还牙，以眼还眼”的道德观。随着人类文明的不断进步，理性思考的深入，人们逐渐发现单纯对犯罪人施以惩罚无益于弥补被害人痛苦，对预防犯罪行为发生的震慑作用也是边际效益递减。为解决该困境，恢复性司法应运而生，其与刑法的谦抑性、司法的回应性、被害人修复等思想完

① ［美］安德鲁·卡曼：《犯罪被害人学导论》，李伟等译，北京大学出版社 2010 年版，第 412 页。

② ［英］詹姆斯·迪南：《解读被害人与恢复性司法》，刘仁文等译，中国人民公安大学出版社 2009 年版，第 74 页。

③ ［英］詹姆斯·迪南：《解读被害人与恢复性司法》，刘仁文等译，中国人民公安大学出版社 2009 年版，第 109 页。

全契合，上述思想也都是恢复性司法的应有内涵。而恢复性司法旨在建立被害人参与机制以最大程度地修复被害人的伤害。

（二）完善被害人参与机制应遵循原则

被害人参与机制的构建须遵循一定的原则从而确保被害人能够合法有序有效的参与，同时避免参与异化的发生。

1. 被害人参与的合法性，包含以下三方面内容：参与途径须有法律的明确规定；参与权利须有法律明文规定；参与方式有法律明确规定。

2. 被害人参与的有序性，指被害人的刑事诉讼参与的制度化、规范化、程序化。一方面，通过程序化、规范化的制度确保被害人的参与权的充分行使；另一方面，参与的制度化、规范化、程序化禁止并排除参与异化。

3. 被害人参与的有效性，主要是指被害人参与刑事诉讼的权利能充分实现，且其权利有相应的救济和保障。没有保障的权利不是真正的权利，只是权利的空头支票，为了实现被害人参与权，除了程序化、规范化的制度，还需要相应的权利救济和保障。

（三）完善被害人参与机制的具体措施

1. 明确参与目的。任何制度的构建都必须首先明确其要达至目标，刑事诉讼被害人参与制度的构建亦然，被害人参与目的是为了更好地保护被害人权利，从而实现公平正义。至于如何更好地给予被害人权利以保护则需要从被害人所遭受的侵害和损失着手。一般而言，被害人所遭受的侵害和损失大致分为如下内容：一是各类身体的伤害；二是经济上的损失，包括直接的、间接的经济损失以及或短期或长期的经济困难；三是心理精神方面的损害，包括短期的心理痛苦以及可能造成的长期的后遗症，如不安全感和担心被害的恐惧感；四是社会关系的破坏，特别是被害人与其家庭成员、同事、朋友之间的社会关系的破坏。由上可知，刑事诉讼被害人参与目的是为了最大限度消除犯罪行为给被害人造成的身心伤害，弥补被害人损失，修复破碎瓦解的社会关系，这也是完善被害人参与机制的基本出发点。

2. 丰富被害人参与权。刑事诉讼法对被害人权利的规定主要包括：基本权利，如使用本民族语言文字进行诉讼的权利、委托诉讼代理人的权利、申请法律援助的权利、申请回避权、申请新证据的权利、参与法庭辩论权、收到裁判文书权；报案控告起诉权；知情权，如被害人有权知悉不立案的原因、鉴定意见的告知及异议权、阅读法庭笔录、改正的权利；监督救济权，如申请立案监督权、申请抗诉权；刑事和解权等。被害人作为刑事诉讼的参与方既享有参与的程序性权利，也享有参与的实体性权利。程序性主要包括程序知悉权、听审请求权、程序选择权、获得及时裁判权、公正程序请求权（如回避申请权、复议权）。实体性权利主要是获得赔偿救济权、求刑权、监督权。可见，我国现行被害人权利大多为程序性权利，实体方面的事实认定、量刑请求、获得赔偿救济等权利缺失，而程序性权利中的起诉权、知情权也都不够全面。为此，一方面应明确被害人的求刑权和获得赔偿救济权；另一方面应扩大知情权的范围，进一步赋予被害人的起诉权。

3. 完善被害人参与机制。消除被害人参与异化还须完善被害人参与机制，这涉及两个方面的内容，一方面解决现有的参与不足之问题；另一方面提升参与层次水平。

首先，切实疏通改善被害人参与刑事诉讼的启动渠道。没有顺畅的启动程序，被害人参与刑事诉讼就只能停留在理论层面，可以说，启动程序是被害人参与刑事诉讼的先决条件。目前公诉案件的启动权完全由公安、检察机关所掌握，这成为横亘在被害人参与前的无法逾越的大山，对此，惟有提高破案率的同时强化被害人在此过程中权利的实现，以期有效制约公权力可能的滥用和怠工。同时应理性地对待自诉案件，不宜人为地抬高自诉案件的受理门槛，而应合法合理地对自诉案件予以审查，符合立案标准的坚决予以立案。

其次，对刑事诉讼法已有规定的权利建立相应的保障制度。这主要体现在完善参与权利的实现方式、程序、时间及后果等方面。如刑事诉讼法第二百二十三条第二款规定：第二审人民法院决定不开庭审理的，应当讯问被告人，听取其他当事人、辩护人、诉讼代理人的意见。然而对于被害人提出要求开庭审理的意见的方式、程序、后果法律却没有明确的规定。刑事诉讼法关于被害人程序知悉权、陈述权、向被告人发问权、确认或调取证据权、参加法庭辩论发表意见的权利普遍缺乏相应的程序性保障规定，因此，亟需对这些权利予以定制，让被害人能够有效参与到刑事诉讼程序中来并在其中发挥其应有的作用，真正把纸面上的权利变为现实的权利。基于程序性的制裁，对司法人员限制或剥夺刑事诉讼法赋予的被害人程序性权利，如知情权，参与权、辩论权等权利，如起诉书没有发给被害人，审查起诉阶段没有征求被害人的意见，法庭审理阶段没有让被害人参加或没有让其发言等，以程序违法作为上诉的理由。①

再次，提高被害人庭审的参与度。由于法律允许刑事二审程序可以不开庭审理，加之被告人押解的不便以及对发改率的考量等因素，刑事二审案件开庭率低下，被害人庭审参与度不高。被害人不参与庭审，其权利自然无法行使，其利益诉求因之无从保障。故，应切实提高被害人庭审参与度，对被害人有意愿、事实有争议、被告人上诉、检察院抗诉等案件最大程度开庭审理，充分保障被害人的参与。

最后，构建合作性参与机制。美国学者雪莉·阿恩斯坦将参与分为八个梯度，由低到高分别是：操纵、训导、告知、咨询、安抚、合作、授权、公众控制，其中操纵和训导属于假参与，告知和咨询属于表面参与，安抚是高层次表面参与，而合作、授权、公众控制则是深度参与。② 就我国目前被害人参与而言仍处于“告知”表面参与阶段，至多达到“安抚”的高层次表面参与阶段，被害人参与异化已证明这不能满足被害人需求。为提升被害人参与层次水平，尚须构建合作性参与机制。一是借助社会力量提高参与合作性。新修改的刑事诉讼法第二百六十八条规定，公安机关、人民检察院、人民法院办理未成年人刑事案件，根据情况可以对未成年犯罪嫌疑人、被告人的成长经历、犯罪原因、监护教育等情况进行调查。无疑这是恢复性司法迈出的重要一步，但其仍存在适用范围过窄、证据效力不明等问题。因此，应整合社会资源，尊重并充分发挥基层社区、人民陪审员等力量，达至各种社会力量、被害人合作。二是充分利用和解平台实现矫正修复功能。此次刑事诉讼法修改增加了当事人和解程序，应利用和解程序这一平台尽量弥合当事人间的冲突矛盾，依靠被告人的诚恳道歉赔偿换得被害人最大程度的谅解。

结语

刑事诉讼中被害人参与异化不仅是法律问题，还是社会问题。被害人参与异化一方面可归结为我们对被害人权利的长期制度性忽视以及现行法律对被害

---

① 程滔：《刑事被害人的权利及其救济》，中国法制出版社2011年版，第216～217页。

② 蔡定剑主编：《公众参与——欧洲的制度和经验》，法律出版社2009年版，第12～13页。

人权利保护不力所造成的“挤出效应”，一方面也与转型社会下司法权威有限、被害人缺乏自我认同的心理失衡有密切关系。故，应正确看待刑事诉讼被害人参与异化，这固然会对现有刑事诉讼制度造成冲击，也是被害人积极行使自身权利的另类表达。对待被害人参与异化应从法律、社会等维度认真查找成因，转变忽视被害人权利的惯性思维，破解制度迷局，保障刑事诉讼制度的稳定顺畅，让被害人回归理性、回归法治。

提升刑事案件审判质量的实践与思考

——以萧山法院2010年至2012年的实践为样本

浙江省杭州市萧山区人民法院课题组*

刑事审判生杀予夺，事关公民的名誉、财产、自由乃至生命，以及国家安全和社会稳定。刑事案件办案质量是衡量人民法院审判水平的最重要标尺，直接影响司法裁判的公信力。近年来，萧山法院面对刑事一审案件收案数持续攀升，在保持结案均衡和高效运行的同时，对如何提升刑事案件的质量进行了一系列有益的尝试。为总结办案经验，在今后的工作中防患于未然，我们通过司法统计数据分析、案件评查、案卷查阅等方法，以该院2010年至2012年办结的刑事案件为分析样本，试图找出影响刑事案件质量的主要因素，并分析原因，提出对策建议。

---

* 课题组成员：沈吉平（浙江省杭州市萧山区法院副院长）、陈增宝（浙江省杭州市萧山区法院副院长）、任又飞（浙江省杭州市萧山区法院审委会专职委员）、廖伟（浙江省杭州市萧山区法院法官）。

一、刑事案件审判质效的基本数据分析

（一）收结案基本情况

2010年至2012年萧山区法院共受理刑事一审案件7286件，其中2010年2053件，2011年2341件，2012年2892件，同比分别增长6.32%、14.03%、23.54%。共审结刑事一审案件7251件，结案率99.52%，其中2010年2066件，2011年2303件，2012年2882件，同比分别增长10.01%、11.47%、25.14%。收结案均呈加速度增长（见表一）。审判人员人均结案数从2010年的180件上升到2012年230件左右。刑事案件收、结案数以及人均结案数均居全省法院第二位。

表一 2010～2012年度萧山法院刑事一审收结案数

年份	刑事收案（件）	收案增幅（%）	刑事结案（件）	结案增幅（%）
2010	2053	6.32	2066	10.01
2011	2341	14.03	2303	11.47
2012	2892	23.54	2882	25.14
合计	7286		7251	

（二）上（抗）诉案件基本情况

2010年审结的刑事案件中，上（抗）诉86件，上（抗）诉二审结案78件，维持（撤诉）77件，改判1件。服判息诉率95.71%，比杭州市基层法院刑事一审平均息诉率91.86%高3.85个百分点；二审维持率98.72%，比杭州市基层法院平均维持率96.26%高2.46个百分点。

2011年审结的刑事案件中，上（抗）诉103件，上（抗）诉二审结案91件，维持（撤诉）87件，改判2件，发回重审2件。服判息诉率95.95%，比杭州市基层法院刑事一审平均息诉率93.27%高2.68个百分点；二审维持率95.60%，比杭州市基层法院平均维持率92.63%高2.97个百分点。

2012年审结的刑事案件中，上（抗）诉113件，上（抗）诉二审结案113件，维持（撤诉）109件，改判4件。服判息诉率95.65%，比杭州市基层法院刑事一审平均息诉率93.93%高1.72个百分点；二审维持率96.46%，比杭州市基层法院平均维持率93.90%高2.56个百分点。（见表二）

表二　2010～2012年度杭州地区各基层法院刑事一审息诉率（%）

2010年度			2011年度			2012年度		
排名	法院	息诉率（%）	排名	法院	息诉率（%）	排名	法院	息诉率（%）
1	萧山法院	95.71	1	建德法院	97.09	1	开发区法院	98.31
2	滨江法院	94.41	2	萧山法院	95.95	2	建德法院	96.87
3	建德法院	94.20	3	临安法院	95.07	3	滨江法院	96.27
4	余杭法院	93.36	4	滨江法院	94.85	4	萧山法院	95.65
5	桐庐法院	93.27	5	富阳法院	94.12	5	富阳法院	95.62
6	临安法院	93.26	6	淳安法院	93.69	6	上城法院	93.66
全地区平均息诉率91.86			全地区平均息诉率93.27			7	临安法院	93.46
7	富阳法院	91.14	7	余杭法院	92.34	全地区平均息诉率93.93		
全省平均息诉率90.69			8	江干法院	92.29	8	余杭法院	93.18
8	淳安法院	89.37	全省平均息诉率92.07			9	拱墅法院	92.97
9	江干法院	89.24	9	拱墅法院	91.69	10	西湖法院	92.93
10	拱墅法院	89.08	10	西湖法院	91.41	11	江干法院	92.72
11	西湖法院	87.44	11	桐庐法院	90.57	12	淳安法院	92.34
12	下城法院	86.90	12	上城法院	89.36	13	下城法院	91.67
13	上城法院	85.03	13	下城法院	89.01	14	桐庐法院	90.97

从以上数据可得出，近三年来，萧山法院刑事审判在收、结案增势迅猛、结案率高位运行的情况下，主要质效指标良好。服判息诉率和上（抗）诉维持率均远高于杭州地区和全省法院平均水平，改判发回率均低于杭州地区和全省平均水平。

此外，萧山法院三年来在刑事审判中改变公诉机关指控的事实认定、性质认定和法律适用等均达到了一定的比例。

因成绩明显，2010年、2012年萧山法院刑事审判庭连续两次被省高院授予“全省法院刑事审判工作先进集体”荣誉称号（注：该荣誉称号每两年授予一次，每授予一次表彰两个年度的工作成绩）。在办案力量不足、工作超负荷的情况下，这些成绩的取得，与我们建立和落实绩效考核、审判流程管理、案件质量评查、审限管理、裁判文书上网、判后答疑等管理制度分不开，是坚持强化审判管理、规范自由裁量、提升司法能力、加强监督考核的结果。

二、案件被二审法院改判、发回重审的原因分析

刑事一审案件的二审改判或发回重审，原因多样，情况复杂。为了准确剖析上（抗）诉案件改判、发回重审的具体原因，我们调阅了2010年至2012年萧山法院被杭州中院改判或发回重审的全部9件案件的案卷，对这部分案件出现质量问题的原因进行了归类和分析。主要有以下几种情况：

一是承办人粗心或社会效果考虑不足。这一类案件共2件。如，被告人莫某犯绑架罪一案，其绑架犯罪实施于2003年初，一审于2012年1月31日作出判决，期间《刑法修正案（八）》于2011年5月1日生效，被告人莫某系前罪有期徒刑执行完毕后五年内再犯应当判处有期徒刑以上刑罚之罪，但因其犯前罪时未满18周岁，依法不能认定为累犯，一审时由于承办人在新旧法规交替之际不够仔细，忽略了其前罪系未成年犯，因而错误认定其为累犯，经公诉机关抗诉导致二审改判。又如，被告人陈某犯交通肇事罪一案，宣判时附民原告无法联系到庭，但承办人认为有保险公司可以代为追偿，故在民事赔偿尚未完全到位的情况下，一审判决对被告人适用缓刑，附民原告上诉后并激烈上访导致发回，虽经再审解决民事赔偿问题后仍然对被告人适用缓刑，但明显影响了案件判决的社会效果，浪费了司法资源。

二是部分案件在事实或定罪量刑方面存在争议。这一类案件共3件。如，被告人郑某犯敲诈勒索罪一案，一审认定本案证据确实充分，二审认为某些证据未排除合理怀疑，故以事实不清、证据不足为由发回重审，后公诉机关撤诉。又如，被告人于某等人犯诈骗罪一案，被告人通过伪造劳动合同并提起虚假诉讼的方式欲诈骗某公司财物，诈骗数额为334000余元，后该公司倒闭经清算后被告人申请强制执行，按比例实际获得赔偿40000余元，一审判决以经过清算后按比例实际获得数额认定为被告人的诈骗犯罪，属数额较大，后检察机关抗诉，中院二审将其犯罪未遂部分计入，认定为数额巨大。此案在诈骗罪司法实务上存在争议。再如，被告人胡某等犯职务侵占罪、虚开增值税专用发票罪一案，被告人利用职务之便，在家具进出口贸易中设置多余的代理环节赚取利润，在审理过程中对此行为定性存在争议。

三是二审期间出现新事实新情况。这一类案件共4件。如，被告人陈某等犯诈骗罪、赌博罪一案，被告人伙同他人采用“诈赌”方式诈骗他人财物既遂10万元、未遂30万元，该10万元因被挥霍导致赃款不能追回，按照《最高人民法院关于审理诈骗案件具体应用法律的若干问题的解释》第一条第三款第（5）目的规定，属刑法规定的“有其他特别严重情节”，依法应当判处十年以上有期徒刑，一审对其诈骗犯罪量刑有期徒刑十年六个月，上诉二审期间同案人董某被公安机关抓获并退回了全部赃款，二审法院认为虽一审量刑适当，但同案犯退赃在二审量刑时应当体现，对其诈骗犯罪量刑有期徒刑六年。又如被告人吴某等人犯盗窃罪一案，被告人伙同他人盗窃公私财物价值73606元，一审以盗窃罪判处其有期徒刑七年，上诉期间查实其协助公安机关抓获了同案犯，故二审认定原判定罪正确、程序合法，同时认定具有立功表现，依法予以从轻处罚，改判为有期徒刑六年六个月。再如，被告人黄某等人犯抢劫罪、盗窃罪一案，一审以抢劫罪、盗窃罪两罪并罚判处被告人有期徒刑九年，上诉期间其父母出庭并聘请了两名辩护人，提交了学生花名册、派出所证明、证人证言等新证据，二审法院根据新证据而非户籍证明认定被告人系未成年人，从轻处罚改判为有期徒刑七年。

三、制约刑事案件审判质量的主要因素及存在的困难

（一）案多人少矛盾突出，导致个案投入不足

刑事案件质量的优劣归根结底是刑事法官办案力量与能力高低、责任心强弱的综合体现。刑事案件审判活动高质高效运行有赖于基本的人力资源配置保障。如果司法资源严重匮乏，人均办案任务居高不下，势必导致办案法官长时间在高强度、高压力状态下工作，处于体力和精力双重透支的“亚健康状态”，反而制约了办案能力和水平的发挥，严重影响了刑事审判工作和法官队伍建设的全面协调可持续发展。

从2011年度杭州地区各基层法院刑事案件法官人均结案数来看（见表三），萧山法院刑事一线法官人均结案数为230件（其中行政庭法官1人协助刑庭办理交通肇事类刑事案件171件，刑庭一线法官人均结案数为236.9件），排名杭州地区第一，比杭州地区刑事一线法官人均结案数150件多出80件，是其1.53倍，比临安法院刑事一线法官人均结案数102件多出128件，是其

2.25倍。

表三　2011年度杭州地区各基层法院刑事案件法官人均结案数

	法院	年度结案数（件）	办案法官数（人）	法官人均结案数（件）
1	萧山法院	2303	10	230
2	富阳法院	816	4	204
3	余杭法院	1568	8	196
4	拱墅法院	652	4	163
全地区平均		10340	69	150
5	建德法院	414	3	138
6	下城法院	538	4	135
7	西湖法院	803	6	134
8	桐庐法院	477	4	119
9	滨江法院	228	2	114
10	淳安法院	448	4	112
11	江干法院	970	9	108
12	上城法院	514	5	103
13	临安法院	609	6	102

从2012年度萧山区法院、检察院办案人数比较来看（见表四），区法院承担刑事案件审判职能的刑事审判庭、少年庭共有行政编制干警19人，其中一线办案法官10人，送达、辅助、书记员等9人；区检察院承担公诉职能的公诉科、未检科共有行政编制干警37人，其中一线办案检察官28人，书记员9人。干警人数法、检比例为51∶100，一线办案人员法、检比例为36∶100。我们认为，公安机关担负刑事侦查的立案、采取强制措施、收集证据、讯问等侦察任务，在刑事案件办理中处于初始环节，其办案任务较重，警察队伍也较为庞大，检察院、法院分别承担刑事案件起诉、审判的部门工作量大致相当，人员配备也应当大致相当，但实际却是平均1名法院刑事审判部门工作人员要对应大约2名检察院公诉部门工作人员的工作量，1名刑事审判法官要对应大约3名检察官的工作量。

表四　2012 年度萧山区法、检办案人数比（人）

	干警人数	办案人数
区法院刑事审判庭、少年庭	19	10
区检察院公诉科、未检科	37	28
比例	51∶100	36∶100

此外，我们还随机抽取 10 件单人单次犯罪简易程序案件，对每件案件在公、检、法各环节的办案时间作一个直观比较（见表五），公安机关每办理一件单人单次犯罪案件的平均工作时间为 72.6 天，检察机关每办理一件单人单次案件的平均工作时间为 40.1 天，审判机关每办理一件单人单次案件的平均工作时间为 20.3 天。同一件案件法院的平均办案时间只有检察院的二分之一，不到公安局的三分之一，客观上也说明在人力资源严重不足情况下，公、检、法各环节中法院办案时间最紧。

表五　随机抽取单人单次案件公、检、法各单位办案时间表（天）

序号	案号	案由	公安办案时间	检察办案时间	法院办案时间
1	公（2011）95 检（2011）156 法（2011）273	骆某盗窃	85	9	21
2	公（2011）3 检（2011）43 法（2011）221	吴某盗窃	68	20	22
3	公（2010）1691 检（2010）2193 法（2011）169	王某盗窃	52	29	17
4	公（2010）1279 检（2010）1363 法（2010）1991	李某掩饰、隐瞒犯罪所得	23	124	21

序号	案号	案由	公安办案时间	检察办案时间	法院办案时间
5	公（2010）2035 检（2010）2163 法（2011）209	于某 非法持有毒品	62	43	12
6	公（2010）2111 检（2011）4 法（2011）219	朱某 贩卖毒品	73	29	22
7	公（2010）2141 检（2011）7 法（2011）220	孙某 贩卖毒品	102	29	22
8	公（2010）2043 检（2010）2167 法（2011）222	张某 贩卖淫秽 物品牟利	65	46	22
9	公（2010）2123 检（2010）2233 法（2011）244	熊某 介绍卖淫	59	36	22
10	公（2010）1894 检（2010）2007 法（2011）2	王某 妨害公务	137	36	22
平均			72.6	40.1	20.3

综合上述表格所列的数据我们可以得出，受编制等因素的影响，萧山法院刑事一线法官人员配备力量明显偏少。在收、结案高速运转的同时，刑事一线办案法官力量配置不足，势必会对刑案审判的质效产生影响。

（二）办案经验和责任心欠缺，易产生粗放型错误

20 世纪 90 年代中后期以后，高等学校法学教育有了长足发展，受过法学专业培训的科班生组成的中青年法官队伍，已成为各级法院办案主力。目前，萧山法院刑庭、少年庭的 10 名刑事法官中，有 5 名系 2010 年以后新任命的助理审判员，占全部审判力量的二分之一。但刑事案件办理是一门实践性较强的学问，面对浩如烟海的法条、司法解释、上级法院业务文件和千姿百态的个案，需要长期积累起丰富的办案经验才能应对自如。因此，当代青年法官群体与上一代由转业军人、行政干部和教师等行业转行的法官群体相比，司法理论水平有了一定的提升，但办案经验和责任心却依然是制约案件质效的重要因素。分析刑案审判质效上存在的问题，可以反映出经验积累和责任追究制度建设是刑事审判管理上的重要环节。

（三）院庭长对审判监督管理功能弱化，绩效考核机制不够完善

还权于合议庭后，为防止案件错误的发生，各级法院一般都设计了一套审判管理机制，如浙江省、市、区三级法院使用共同的审判管理软件并联网，一定程度上强化院、庭长对案件的监管。调研表明，一部分刑事案件质量问题在案件审理过程中并没有发现，目前的审判管理主要还是“事后管理”。庭审合议制合而不议、陪审员陪而不审的现象并不少见，无法起到发挥集体智慧，强化庭审监督，防止个人独断的作用。庭审程序为提高效率“走过场”，证据把关上仅注重形式审查，通过庭审发现真相、查明事实的功能不明显。

同时，现有的绩效考核机制在考核内容和责任追究机制上也有值得完善之处。一是考核机制往往忽视刑事案件与其他类型案件相比独有的性质和特点，将刑事案件与民事案件、执行案件的工作量简单等同。从案件性质上来讲，刑事案件判决直接关系到公民的名誉、财产、自由乃至生命，刑事诉讼是所有诉讼的最后防线，刑事案件在所有案件中社会关注度最高；从案件特点来讲，刑事犯罪是一种动态强烈的社会现象，具有复杂多变的特点，因此刑事案件具有系统而庞杂的证据量，且与民事、执行等案件的不告不理相比，刑事法官必须对每一项证据都进行主动审查，阅卷任务繁重；从审理过程来看，民商事案件可大比例调解结案而不需经过开庭程序，而每一件刑事案件都必须开庭审理，都必须撰写法律文书；从救济成本来讲，由于人的生命权和自由权在权利位阶

上高于其他权利，因此刑事案件一旦酿成错案，其救济成本要大大高于民商事案件，并极易引发社会不稳定因素。此外，刑事案件中还有大量的刑事附带民事诉讼案件，在考核时并非单独计算案件数。因此，将一件刑事案件的工作量与一件民事或执行案件的工作量同等看待，必然导致考核标准的不公平。二是因为案件量过大，考核机制往往以办结案件数量为“中心”，对案件质量、繁简程度、是否附带民事诉讼、是否涉信访等其他项目，有的没有进入考核范围，有的考核文件虽有规定，或者比例过低，或者不够细化而无法量化。三是考核机制虽有办案质量考核，但还是侧重于“事后考核”，对于因承办人对证据审查不仔细、不深入、办案粗糙大意、责任心不强所致的改、发案件，事前、事中的监管不够到位。此外，对于办案过程中及时发现并纠正的侦查、起诉阶段的问题没有予以充分肯定和奖励。法官的评先评优、晋职晋级等与办案数量的多少而非办案质量的好坏联系更紧密，导致个别法官片面追求结案数、结案率，无法静下心来办“铁案”“精品案”，绩效考评的“管理指挥棒”功能方向一定程度失偏、失灵，值得引起重视。

（四）判前评估和判后报到困难，导致非监禁刑适用不平衡

刑事一审案件的上诉，虽然涉及审判以外的种种因素，但也有办案机制的局限性及承办法官自身的原因。为了更有针对性地做好刑事案件的服判息诉工作，我们随机抽查了2010年的30件刑事上诉案件，调阅了上诉人提审记录，发现除了少数上诉人由于不懂法认为“无知者无罪”、拖延去监狱服刑或持上诉无成本“不上白不上”心理之外，上诉人上诉的主要原因是量刑不符合其心理预期。

从下表（见表六）可以看出，全部30件案件有8件是因为被告人认为量刑不平衡而提出上诉，占上诉原因的27%。

表六 随机抽查的30件刑事上诉案件上诉原因构成情况表（件）

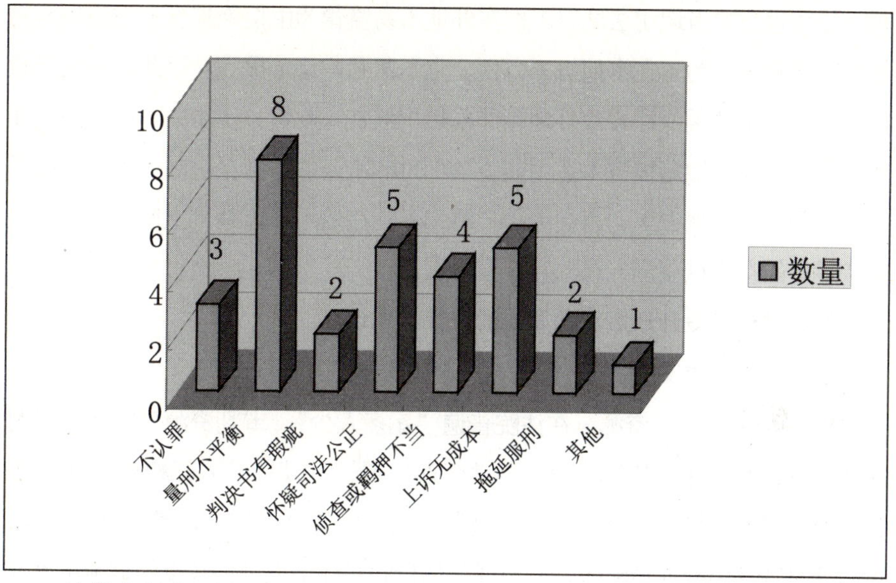

这其中最主要、最直观的一个原因就是本地籍被告人与外地籍被告人之间在适用缓刑等非监禁刑上存在不平衡，在被告人适用缓刑等非监禁刑的比例上，外地籍被告人远远低于本地籍被告人。究其原因主要有两个方面。

一是由于缺乏地区协作机制，外地籍被告人判前评估效果不明显。根据《刑法修正案（八）》的新增规定，对拟判处缓刑的犯罪分子，应当对所居住的社区没有重大不良影响。为此，我们一般对拟宣告缓刑的被告人会同司法行政机构实行判前评估，并将评估结果作为是否宣告缓刑的依据。由于不同地区法治发展水平不同，有的省市尚未设立判前评估调查机构，目前也不存在一套跨县区、跨市、跨省评估调查的协作机制，致使评估调查工作在不同地区甚至同一地区的不同区县之间具体操作程序不一样，跨地区协作理念缺乏，相互推诿时有发生。因此，对无暂住证的外地籍被告人在向其户籍地调查时，所发的调查函往往石沉大海。对有暂住证的外地籍被告人在向本区其暂住地镇街、社区调查时，其暂住地职能机构也往往因为对其不了解或担心矫正期间脱管、漏管甚至再犯罪而出具不适宜判处缓刑的意见。

二是判处非监禁刑的外地籍被告人在判后报到上存在困难。目前，萧山区司法局仅对持暂住证满一年的外地籍非监禁刑被告人，允许其在居住地的镇街司法所报到并接受服刑监管，对在本地居住且能提供社保证明、养老证明、工作证明但没有暂住证的仍不予接受；而这部分被告人在回户籍地司法局报到时，往往也会被当地司法局以工作在外地不易监管为由拒绝接受；部分外地籍非监禁刑被告人为了在本地打工方便，也不愿回户籍地报到。因此，司法行政部门之间互相推诿往往导致外地籍非监禁刑被告人脱管。上述原因使得法院在对符合条件的外地籍被告人适用非监禁刑时非常谨慎，甚至是同一案件实施了相同犯罪行为的被告人，也会因为户籍的不同在适用非监禁刑上产生差别，导致判后有的在监狱服刑，有的在社会上服刑。

四、进一步提升刑事审判质量的对策与建议

（一）科学配置审判资源，强化责任意识

1. 科学配置人力资源。在法院普遍“案多人少”，审判资源日益捉襟见肘的形势下，对现有审判资源进行科学合理配置，可以从“内部挖潜”和“外部争员”两方面着手。就“内部挖潜”而言，主要是根据工作量的动态变化，适时调整各部门的人员配备，人员调配尽量向案件负担责任较重的刑事审判业务庭等部门倾斜，防止忙闲不均和审判资源不能充分利用。就“外部争员”而言，主要是争取党委、人大、政府的支持，在人、财等资源上给予审判工作充足保障，特别是在公务员招考和选拔一线办案法官名额上予以优先配置，认真落实车贴、岗位津贴等补贴待遇，确保法官的待遇不低于公务员平均水平，从物质、精神两方面鼓励法官办案的主观能动性。

2. 多方提升司法能力。一是加强业务学习和培训。针对刑事审判工作中的热点难点问题、庭审驾驭能力、庭审记录水平等重点内容，积极组织刑事法官和书记员参加上级法院的培训班；将新法新规的学习纳入每周五的院、庭学习计划；开设“法官讲坛”，邀请专家学者进行新法讲解。如2012年初曾分别邀请省高院挂职干部和中院原分管刑事的副院长开设刑事诉讼法讲座，组织萧山法院刑事审判干警并邀请人大法工委和政法委、公安、检察、司法等人员共300余人参加，取得良好效果。二是加强对新任法官的管理和指导。建立新、老审判员一一对应的“导师制”；继续汇编《刑事审判案例索引》等刊物和业务文件，提高案例在刑事审判中的指导作用。三是总结审判经验并定期交流，积极利用庭务会和审判员联席会议解决刑事审判实务问题；加大调研力度，鼓励刑事审判人员撰写调研文章，学以致用，判研集合，以研促判。

3. 常抓不懈责任教育。结合政治学习和人民法院主题教育实践活动，利用业务学习的时机，定期召开案件质量点评会，让责任意识入心入脑；适时开展优秀案件点评和瑕疵案件研讨。通过学习、教育活动，让每一名刑事法官真正认识到刑案“伤不起”“刑案无小事”，真正认识到责任心对于保障刑案审判质量的至关重要性，形成责任建设的理念强化机制。

（二）严格证据裁判标准，完善办案机制，强化审判管理

1. 贯彻依证据裁判原则。严格适用刑事诉讼法及其司法解释，认真执行最高人民法院非法证据排除规则的规定，遵循“事实清楚，证据确凿、充分”的定罪标准，以达到“不错不漏、不枉不纵”。对适用普通程序审理的案件，要求承办人必须写审理报告；判决文书重点放在对证据的分析采信、犯罪情节、定罪论证及量刑分析的因素上；对每一个案件要有阅卷笔录，对每个疑点必须合理排除，对改变指控事实、定性，增、减量刑情节的，应有详细说明。法律文书均应做到繁简得当、采信有据、说理充分、引条无误、分析全面。认真执行级别管辖的相关规定，认真把好案件事实关、证据关、程序关和适用法律关，对于按照法律规定应当移送的案件坚决移送，防止严重刑事案件轻判轻罚，力争把每一起案件都办成经得起时间检验的铁案。

2. 完善办案程序管理。加强对案件办理过程中庭前审查、被告人权利义务保障、法庭调查与辩论、合议庭的合议规则、证据的认证、刑附民案件的调解程序等方面问题的规范化。加强对宣布法庭纪律、审判人员规范着装、庭审录音录像、庭审笔录质量等问题管理。坚持合议庭成员对案件事实和法律适用共同负责，裁判文书要由合议庭成员共同核稿、共同签名、共同承担责任，避免“形合实独”。扩大司法决策的知情范围，增强裁决过程的透明度，强化陪审员对审判活动的有效监督。加强对人民陪审员专业知识的培训，充分发挥合议庭成员集体智慧和司法民主、防止个人专断，实现审判资源有效配置，确保诉讼程序和裁判结果公正。

3. 规范审判管理机制。一是认真推行两项重要办案制度：（1）推行院、庭长带头办案制度。由院长、分管院长、正副庭长带头办案情重大、法律适用疑难、社会影响较大的疑难复杂案件，开院长示范庭和庭长示范庭，加强对审判工作的指导，引领全院干警增强质量意识。（2）推行审判员或审判长联席

会议制度。充分运用集体智慧，积极进行案件集体会诊，切实发挥审判员联席会议制度在办理重大、疑难、新类型案件的重要作用。

二是推进量刑规范化，确保量刑平衡。继续编写部分案件（贪污、受贿、挪用公款、虚开增值税专用发票等13种案件）量刑情况明细表，供审判人员作为办案参考。认真执行萧山法院《量刑规范化试点工作实施方案》《量刑规范化试点工作中有关单位的工作重点》等，继续对审判中较为常见的15种刑事犯罪案件，按照犯罪数额、次数、手段、情节等量刑因素设定的指导性量刑意见科学量刑，使法官自由裁量权在合法、适度的框架下行使，确保刑事案件审理严之依法，宽之有据，宽严相济，不枉不纵，最大限度地达到量刑平衡。

三是保障平衡适用非监禁刑。建议可以从两个方面对目前的判前调查与判后服刑机制进行改革。首先，推动将判前评估调查前移至刑事案件的侦查和公诉阶段。这样做优势明显，一方面有利于公安、检察机关逮捕、批捕工作的准确性，防止本该逮捕的采取了取保候审措施或者相反的情况出现，也有利于公、检、法在适用非监禁刑上的一致性，防止被告人由于先前被取保候审而对最终判决结果产生不适当的预期，进而导致上诉。另一方面，拟判处被告人适用非监禁刑的案件在审判阶段大多数属简易程序案件，其审限只有20天，而案件在侦查阶段和起诉阶段的时间相对较充分，在这两个阶段实行判前评估调查也可以避免因时间仓促导致的工作失误，有利于提高调查质量。其次，改革和完善外地籍非监禁刑被告人的服刑报到机制。一方面，协调司法行政机关对在本区工作、生活的外地籍缓刑被告人在服刑报到上放宽条件，如对持居住证的时间条件予以适当缩短，对没有办理暂住证但是能提供社保证明、养老证明、工作年限证明的也允许在本地报到服刑；另一方面，建议司法行政机关能就此问题向上级司法行政机关予以反映，争取由国家或者省级司法行政部门出台规定，建立起一套跨县区、跨市、跨省评估调查的协作机制和判后服刑报到机制。这样对降低刑事案件的上诉率能有莫大的帮助。

四是促进服判息诉。通过切实提高裁判文书的质量，加强裁判文书辨法析理，认真做好判后释法答疑工作，引导被告人及其家属认知被告人行为对社会造成的危害以及法院据以作出裁判的法律依据，彻底打消对法律的抵触情绪，从心理上服判。

（三）加强质量考核，强化审判监督

1. 改进质效考核制度。一是科学制定内容合理、权责清晰的法院办案考评体系。正确区分刑事、刑附民案件与民事、行政、执行案件的工作量，加大案件审判质量在考评体系中的权重；细化案件质量的环节和责任，按照审判管理流程院、庭长把关机制，在考试制度上增强法院干警的责任意识。一分为二地分析刑事案件二审改判、发回的原因。对因为新法新规定或者二审时出现了新情况导致案件改判、发回的，应当考核但不应扣分；对于因承办人对证据审查不仔细、不深入、办案粗糙大意、责任心不强所致的改判、发回案件，应当严肃追责；对于审判过程中及时发现侦查、起诉环节问题的人员应当充分肯定和奖励。二是重视并深化对考评结果的利用。把对法官的业绩考核与对法官的评先评优、晋职晋级等有机结合起来，切实发挥绩效考评的“管理指挥棒”功能，实现对案管理和对人管理的有机结合。

2. 严格裁判文书签发责任。刑事裁判文书是刑事审判的书面载体和集中成果。进一步加强全体干警和司法辅助人员的责任意识，从拟稿、核稿、签发、校对、盖印、送达等环节环环把关、确保质量，实行“谁承办、谁负责、谁签发、谁复核”的原则，建立层层把关制度，裁判文书由法官助理和书记员校对、承办人复查后，由庭长、分管副院长依照权限逐级行使审核签发权，严禁越权报批和越权审签。积极开展优秀裁判文书、优秀庭审笔录评比，在法院营造提高裁判文书质量的良好氛围。

3. 强化审判监督。一是加强庭审秩序督察。由分管副院长、专委、调研员、审监庭、审管办等对在审刑事案件的庭审活动进行现场和远程抽查，及时发现和纠正庭审活动中的不规范现象，并就检查中发现的问题进行原因分析并提出整改意见。二是开展专项督查。不定期选择某类案件开展专项督查，归纳并通报办案易错细节。主要检查类型案件法律适用的统一性，撰写专题报告，对存在的问题进行规范。认真按照法院《案件质量评查细则》评查案件，使案件质量由抽象变具体，由概念变数字，保证审判质量监督工作的直观、可评和可操作性。

通过调研，我们坚信，当前更应努力优化审判资源，规范审判管理机制，强化责任意识，为提升刑事案件质量提供有力保障。

[新类型疑难案例选评]

刘某某抢夺案

唐龙飘*

[案情]

2013年1月底，被害人张某某购买新二轮摩托车（案发后价格鉴定为11942元）一辆，车辆所有权登记在朋友蒋某某的名下。2013年3月，张某某通过互联网发布出售该辆摩托车的信息，被告人刘某某看见信息后电话联系张某某，询问了车况及价格等。3月16日下午，二人按照约定来到重庆九龙坡区高九路试车，被告人刘某某提出前往重庆南岸区南山一棵树观景台进行交易。张某某同意并叫来蒋某某同行，当日15时许，三人抵达一棵树观景台，刘某某一边假装给朋友打电话筹钱，一边在观景台试车，17时许，刘某某趁张某某、蒋某某不备，当着二人的面加大油门骑走摩托车逃离现场，张某某发现后立即搭乘出租车追赶，但未能追上，遂报警。

[分歧]

对被告人刘某某行为的定性，存在两种不同的观点：

第一种意见认为，首先，本案被告人趁被害人不备，行为本身具有秘密

* 作者单位：重庆市第五中级人民法院。

性，符合盗窃罪的秘密窃取特性。其次，被告人开走摩托车时，车与被害人身体没有任何接触，车是处于被告人的实际控制之下，被告人开走摩托车不可能造成被害人受到伤害。另外，被告人没有采取对物的暴力夺取行为，而是采用了平和手段取得的，故不符合抢夺罪的特性，应以盗窃罪定罪处罚。

第二种意见认为，被告人刘某某构成抢夺罪。

［评析］

行为人是否是秘密取得财物是区分盗窃罪与抢夺罪的关键

笔者赞同第二种观点，抢夺罪是指以非法占有为目的，乘人不备公然夺取公私财物的行为。一般认为，抢夺罪的构成有以下几方面：乘人不备、公然实施以及对物暴力。抢夺必须“公然”，公然夺取不应理解为仅限在公共场所或当着众人进行抢夺，在财产所有人或保管人在场的情况下，当着财产所有人或保管人的面或采用可以使其立即发觉的方法夺取财物，亦构成公然夺取。抢夺包括非暴力（平和）抢夺和暴力抢夺。平和抢夺，是指被害人有认识、行为人有认识的情况下，行为人以平和手段在被害人面前夺走财物的行为；暴力抢夺，是指行为人以暴力手段在被害人面前当场公然夺走财物的行为，还包括趁被害人不注意，使用暴力夺取财物的行为。暴力包括对人暴力和对物暴力，对物施加暴力程度大于对人施加暴力程度。在司法实践中，暴力抢夺与盗窃一般能很好区别，难点在于非暴力抢夺与盗窃不容易区分，笔者认为，应以行为人是否是秘密取得财物来区分盗窃罪与抢夺罪，具体理由如下：

首先，从盗窃罪构成要件来看，盗窃罪在客观方面表现为使用秘密窃取的方法，将公私财物转移到自己的控制之下，并非法占有的行为。窃取是指行为人采取隐秘的、自认为不为财物所有人或保管人所知的方法将财物取走的行为。一般而言，只要行为人主观上是意图秘密窃取，即使客观上已被他人发觉或注视，但主观上自认为是秘密进行，其行为应当被认定具有秘密性。不影响盗窃性质的认定。“秘密”具体包括以下几种情况：（1）一般意义的盗窃，即被害人与其他人都无认识，行为人秘密窃取被害人财物的行为；（2）被害人与其他人都有认识，行为人仍然“秘密”窃取财物的行为；（3）被害人无认识、其他人有认识，行为人“秘密”窃取财物的行为。本案中，刘某某的行为应当构成抢夺罪，因为行为人取得财物时不具备秘密性，是公然取走财物；另外，行为人当面夺取被害人财物，即使手段平和，但在被害人已知的情况下，行为人应当认识到被害人知道自己在“夺”而非“窃”，行为更符合抢夺罪“公然夺取”的特征。因此，将“公然”夺走被害人财物的行为认定为抢夺而非窃取，符合社会的一般认识，易被广大群众所接受。

因此，从行为人是否秘密取得财物来认定盗窃罪与抢夺罪的区别，更有助于解决实践中的难题：行为人即使使用轻微暴力取得被害人财物，而被害人对财物的转移占有不知情的，属于盗窃罪；相反，在行为人转移占有被害人财物时，明知被害人知情，即便行为人采取的是平和手段，也应当成立抢夺罪。这种从行为人主观方面区分两罪的方法，并不违反刑法基本理论，因为行为的主观方面和客观方面都承载决定和评价其社会危害性的机能。犯罪是主客观的有机统一体，无论是刑事立法，还是在普通国民的观念中，都认为盗窃罪的社会危害性较抢夺罪小，究其原因，是因为在盗窃罪的场合，行为人主观恶性较小，或者客观行为的危险性较小。在以平和方式公然转移财物占有的场合，行为人客观上虽然没有实施强力夺取的行为，行为本身虽不具有较高程度的危险性，但由于转移财物占有是在被害人知情的情况下，当着被害人的面公然实施的，所表现出的行为人主观恶性、人身危险性和社会危害性无疑也应当较大。所以，在行为人明知被害人对财物的转移占有知情的情况下，行为人仍然执意为之，尽管其客观上并没有实施暴力、胁迫等手段，但因其主观方面表现出来的社会危害性，将其评价为性质更严重的抢夺行为，并无不妥。

张某抢劫案

张亚男*

[案情]

涉案精神病人张某。2012年12月31日因涉嫌犯抢劫罪被北京市公安局朝阳分局刑事拘留，2013年1月14日进行刑事责任能力鉴定，并停止计算羁押期限。2013年4月8日经北京市公安局强制治疗管理处司法鉴定中心鉴定依法不负刑事责任，2013年5月3日被释放，同日被北京市公安局朝阳分局采取临时的保护性约束措施。

2012年12月31日8时许，涉案精神病人张某在北京市朝阳区第三置业大厦7—11便利店内欲将店内销售的倩雅牌梅酒一瓶、力保健一瓶（经鉴定共计价值人民币17.53元）盗走时，被店内工作人员王某某（男，38岁，北京市人）发现，后张某用随身携带的水果刀对其进行威胁，在撕扯中造成王某某手部受伤，致其右手掌皮肤划伤1处，长为2.4厘米，皮肤裂伤（未缝合）1处，长为2.0厘米，两端伴划伤，经刑事科学技术鉴定属轻微伤。后张某被当场抓获。

2013年6月4日，北京市朝阳区人民检察院以京朝检医申〔2013〕第0002号强制医疗申请书向北京市朝阳区人民法院提出对张某的强制医疗申请。

[审判]

法院经审理认为，涉案精神病人张某实施了抢劫行为，严重危害公民人身

* 北京市朝阳区人民检察院公诉一处助理检察员。

安全，虽经法定程序鉴定为不负刑事责任能力的精神病患者，但其疾病尚在治疗期，仍具有继续危害社会的可能，据此，2013 年 7 月 2 日以（2013）朝刑医字第 1431 号强制医疗决定书决定对张某强制医疗。

［评析］

如何审查强制医疗案件

（一）实体审查

1. 暴力行为程度的判定

审查涉案精神病人是否实施了危害公共安全或者严重危害公民人身安全的暴力行为的事实，是最贴近传统公诉部门审查起诉的一项内容。该部分审查要义有二，一是客观上实施的行为已经达到犯罪程度，没有实施犯罪行为或行为不构成犯罪的，不适用强制医疗程序；二是作为一种特殊的社会防卫措施，必须严格限制该程序的适用范围，该程序只适用于实施暴力犯罪且暴力行为程度达到危害公共安全或者严重危害公民人身安全的精神病人。对于要义一的判断，笔者认为应符合刑事诉讼法对证据确实充分的条件要求，但由于该类型案件主体的特殊性，可能会面临“零口供”的困境，因此需要承办人结合其他证据对案情进行全面把握和判断。对于要义二，也即如何判定暴力行为程度，是审查的重点，笔者认为应结合实施暴力行为的原因、手段、作案工具、对象、结果以及涉案精神病人的一贯表现等方面进行综合判断，实践中被害人伤情鉴定一般是承办人衡量暴力行为程度的重要指标，但也要防止将伤情鉴定作为唯一的判断要素。本案中被害人所受伤害为轻微伤，但张某日常伴有被害妄想，一直随身携带刀具，在遇被害人阻拦时持刀顶在被害人右腹部，因此虽然因被害人反抗没有造成严重人身伤害的后果，但该行为已经具有“严重危害公民人身安全”的危险性，因此，笔者认为本案中张某的行为符合暴力性要求。

2. 如何判定行为人属于依法不负刑事责任的精神病人

“经法定程序鉴定依法不负刑事责任的精神病人”是启动强制医疗程序的主体要件。一方面，承办人应对鉴定机构出具的精神病司法鉴定意见书进行形式审查，包括对鉴定机构和人员是否具有合法的资质，鉴定程序是否符合法律及有关规定，具体程序、方法、分析过程是否符合要求，鉴定意见的形式要件是否完备等方面进行全面认真审查；另一方面，不可唯鉴定意见论，承办人应通过会见涉案精神病人、听取主治医师的意见以及通过了解涉案精神病人的病史、成长环境等方面，对涉案精神病人是否具有刑事责任能力进行实质性判断，防止实践中“伪精神病”和“被精神病”两种现象的出现。

3. 如何认定是否具有“继续危害社会的可能性”

“继续危害社会可能性”的判断是决定是否对涉案精神病人采取强制医疗的难点。一方面，再犯可能性本身是个模糊性很强的概念，很大程度上依赖于司法者的内心判断；另一方面，在前述两部分证据比较确凿充分的情况下，涉案精神病人家属及辩护人往往会以保证履行好监管责任为由否认涉案精神病人有继续危害社会的可能性。

笔者认为，再犯可能性的判断可以结合涉案精神病人所属精神病种类、本次犯罪的暴力性严重程度、其与被害人的关系是否是导致暴力行为的唯一原因等方面进行综合考量，一般来讲，患有被害妄想型或者犯社会人格障碍的精神病者比精神发育迟缓型的精神病患者攻击性强、再犯可能性高；涉案精神病人本次犯罪行为较以往病情相比危险性增强的再犯可能性要高；此外，涉案精神病人在实施作案时选择对象具有随机性的要比建立在与被害人的冲突关系上的再犯可能性高。关于涉案精神病人家属提出的监管责任能否对抗再犯可能性，笔者认为，法律之所以设定强制医疗程序，旨在对于那些有再犯可能性但无人监管的精神病者进行强制治疗，以防止危害社会。因此，在确定涉案精神病人家庭有充分监管条件和治疗条件的情况下，检察机关可以不提出强制医疗申请。

（二）程序审查

1. 一般程序审查

在受理阶段，应当重点审查随案移送的文书是否齐备、合法，特别是要审查侦查机关是否依法撤销原刑事案件、卷宗是否有释放证明书、是否及时对涉案精神病人采取临时保护性约束措施等。

在审查阶段，同一般公诉案件，公诉部门承办人在受理强制医疗案件后，应及时告知被害人及听取被害人的意见。同时，针对涉案精神病人这一主体的特殊性，对于未委托诉讼代理人的，应及时通知法律援助机构指派律师为其提供法律帮助；并及时与涉案精神病人家属联系，听取其对涉案精神病人被申请强制医疗的意见，以及家庭状况是否具备履行监护职责的现实条件，以对最终是否要提出强制医疗申请提供参考。

2. 会见涉案精神病人的必要性

至于是否有必要会见涉案精神病人，有观点指出，鉴于涉案精神病人属于无刑事责任能力人，法律未明确规定会见涉案精神病人的口供是否因其签名而有效，且由于承办人缺少专业知识，对其现有状况根本无法作出合理合法的判断，因此会见的实效性和意义不大。笔者不同意该观点，诚然此种类型案件会见在获取口供的意义上不大，但获取口供并不是会见的唯一目的，通过会见了解涉案精神病人的精神状态和治疗后果，从更加直观的角度判断其是否属于无刑事责任能力者以及是否有继续危害社会的可能性。

3. 精神病鉴定作出前对涉案精神病人的关押问题

刑事诉讼法规定"对实施暴力行为的精神病人，在人民法院决定强制医疗前，公安机关可以采取临时的保护性约束措施"，北京市《关于强制医疗程序的实施办法》第三条对此作出具体解释"经法定程序鉴定依法不负刑事责任的精神病人，符合强制医疗条件的，公安机关、人民检察院、人民法院可以决定对涉案精神病人采取临时的保护性约束措施，由北京市安康医院负责执行"。临时保护性约束措施解决了从精神病鉴定作出到强制医疗决定作出前对涉案精神病人的约束、治疗，但对于精神病鉴定作出之前如何对涉案精神病人进行收押，立法上仍是空白，目前实务中是将涉案精神病人同普通刑事案件嫌疑人"一视同仁"关押在看守所。由于现阶段精神病鉴定周期过长，该种做法一方面不利于对涉案精神病人病情的治疗，另一方面，涉案精神病人的潜在危险性对于其他犯罪嫌疑人也是不利的。

4. 办案期限与退回补充证据期限问题

《人民检察院刑事诉讼规则》第五百四十四条对检察机关办理强制医疗案件期限作出具体规定，为三十日，其中退回公安机关补充证据的时间不计入检察院办案期限。无限期的退回补充证据，一方面可能会发生公安机关久拖不办的情况，另一方面，检察机关承办人可能会出于延长办案期限的考虑将无必要退回补充证据的案件退回公安机关，影响办案效率和质量，也对被采取临时保护性约束措施的涉案精神病人不公平。基于上述两方面的考虑，笔者认为应对退回补充证据的期限作出明确规定。

5. 对公安机关申请强制医疗的监督

一方面，对于公安机关移送的强制医疗的申请，检察机关有权根据事实和在案证据，决定是否对涉案精神病人提起强制医疗的申请；另一方面，对于强制医疗程序公安机关也是首次接触，其办理强制医疗案件也是在逐步探索的阶段。就朝阳分局而言，就与检察机关专组办理强制医疗案件不同，朝阳区检察院受理的三件强制医疗案件来自不同的预审承办人，每一件案件几乎都遇到相同的问题，比如卷宗缺少释放证明书等案件材料，要求其在审查起诉、庭审、执行阶段分别提供医院同步出具的涉案精神病人的精神状态证明，以对涉案精神病人是否有继续危害社会可能性进行动态监督。这些沟通与交流无形中也浪费了办案时间和司法资源。笔者建议公安机关也采取专人办理强制医疗案件的模式，更好地促成强制医疗案件办理的规范化。

强制医疗程序的设立对于保障人权无疑是意义重大的，这是立法上的又一次重大进步，但是强制医疗程序本身仍然隐含着侵犯人权的极大风险，而作为一项新生的制度，将该制度作用发挥好，尚需司法机关在实践中进一步总结经验，不断完善，建立动态、完备的工作机制。

《刑事法律文件解读》
2013 年总目录

特载

司法解释、司法解释性文件与解读

刑事诉讼法司法解释解读专辑

部门规章、部门规章性文件与解读

地方司法业务文件与解读

地方性法规、地方政府规章及解读

司法实务问题研究

新类型疑难案例选评

最新立法、司法动态

《最新法律文件解读》丛书
稿　约

《最新法律文件解读》是一套以为最新法律规范提供同步“解读”为主的系列丛书，分为刑事、民事、商事、行政与执行4个分册，按月出版。

本丛书以“解读”为重点，突出全、专、新、快、准等特点，通过对最新出台的法律、法规、司法解释、部门规章以及重要地方性法规进行同步动态解读，弥补了法律、法规、司法解释汇编类出版物没有同步阐释、解读内容的不足，为广大读者学习理解最新法律规范，正确贯彻执行法律文件，及时解决实践中的新情况、新问题，提供一个全方位、多层面的法律信息平台。

欢迎您向以下栏目赐稿：

【最新法律文件解读】主要是对最新颁行的法律文件进行解读，帮助司法和执法人员正确理解法律文件的立法背景、意义、重点内容、在适用中应注意的问题、与相关法律文件的衔接与互动关系等等。

【司法实务问题研究】主要刊登对司法理论、实务及司法管理工作中的热点、疑难问题进行研究及评论的文章。

【新类型疑难案例选评】主要是对司法和行政执法实践中具有典型性和代表性的疑难案例，结合具体案情以及审理或处理结果进行简练精辟的点评，解析认识问题的方法、处理问题的法律依据和在个案中的具体适用。

【法学前沿与新视点】以摘要的形式刊登相关法学理论研究的最新动态及具有代表性和典型性的前沿问题，扩展法学研究的深度和广度。

【法律适用问题解答】主要针对司法和行政执法实践中面临的新问题、热点问题、疑难问题进行简要地解答，指出涉及的法律关系，明确法律适用依据。

稿件一经刊用，即付稿酬，稿酬从优。

《刑事法律文件解读》　兰丽专　邮箱：lanlizhuan@ sohu. com
《民事法律文件解读》　肖瑾璟　邮箱：courtbook@ 163. com
《商事法律文件解读》　孙振宇　邮箱：shangshijiedu@ 126. com
《行政与执行法律文件解读》　丁丽娜　邮箱：dlnlaw@ 163. com

人民法院出版社
《最新法律文件解读》丛书编辑部